Los Misioneros de La Salette: de Francia a Norteamérica

Por P. Donald Paradis, M.S.

Traducción :
Carmen Arenas y Luis Moctezuma

Tercera Edición 2018
Ampliado y actualizado

Missionaries of La Salette Corporation
915 Maple Avenue
Hartford, CT 06114-2330, USA
Website: www.lasalette.org

Primera edición: 8 de junio de 1992.

Segunda edición: 31 de mayo de 2000.

Tercera edición (y ampliada): 2 de febrero de 2019. Nota: esta edición ampliada contiene una selección más amplia de imágenes y una cronología ampliada y actualizada. Copyright @ 31 de diciembre de 2018 por los Misioneros de Nuestra Señora de La Salette, Provincia de María, Madre de las Américas, 915 Maple Avenue, Hartford, CT, 06106-2330, Estados Unidos

Imprimi Potest: Rev. Fr. Rene J. Butler, M.S., Misioneros Superiores Provinciales de Nuestra Señora de La Salette, Provincia de María, Madre de las Américas, 915 Maple Avenue Hartford, CT 06106-2330, Estados Unidos

Todos los derechos reservados. Ninguna parte de este libro puede ser reproducida, almacenada en un sistema de recuperación o transmitida, de ninguna forma o por ningún medio, electrónico, mecánico, fotocopiado, grabado o de otra manera, sin el permiso por escrito de La Salette Communications Center Publications, 947 Park Street, Attleboro, MA 02703, Estados Unidos

Versión de la Biblia: Biblia de América, Edición íntegra para la Conferencia del Episcopado Mexicano, y autorizada por la Confer-encia Episcopal de Columbia y la Conferencia Episcopal de Chile, Atenas PCC Sigúeme Verbo Divino. 2e edición, @ La Casa de La Biblia, 1994.

Impreso en los Estados Unidos de América.

Editor y autor de "Reflexion": p. Ron Gagné, M.S. ; Traducción de inglés: Carmen Arenas; Revisado por: Luis Moctezuma ; Diseño de folletos y formato digital: Jack Battersby y el p. Ron Gagné, M.S. ; Pintura de la Portada de Nuestra Señora de La Salette: por Inez Roskos, Marietta, Georgia: Usada con permiso.

Este y otros títulos de La Salette están disponibles en papel, libro electrónico y audiolibros en: www.Amazon.com, itunes.Apple.com y www.lasalette.org

ISBN: 978-1-946956-21-7

Indice

Introducción—i

Capítulo Uno–Una Comunidad Llega a su Desarrollo—1

Capítulo Dos—Una Revolución Inconclusa—21

Capítulo Tres—Un Nuevo Mundo Acogedor—42

Capítulo Cuatro—Una Misión De Reconocimiento—52

Capítulo Cinco—Un Nuevo Comienzo—67

Capítulo Seis—Un Tiempo Para Todo—87

Capítulo Siete—El Pasado y el Futuro de Nuestro Presente—123

Fuentes Bibliográficas—136

Cronología—141

Introducción

Como su título indica, este boceto histórico narra un cambio decisivo en la historia de los Misioneros de Nuestra Señora de La Salette, narrando la relocalización del Instituto de Francia a los Estados Unidos hace un siglo atrás y registra los antecedentes, las circunstancias y las primicias de esta decisión trascendental.

p. Donald Paradis, M.S. (1932-2015)

La historia completa de la presencia de La Salette en el Nuevo Mundo desde 1892 hasta el presente merecía eminentemente ser contada. Sin embargo, las limitaciones de espacio y tiempo dejaron en claro desde el principio que el recuento del nacimiento, el desarrollo y la expansión de cada una de las cuatro Provincias Americanas representarían una tarea excesivamente ambiciosa, por no decir, impertinente.

Limitado en su alcance por diseño y necesidad, el presente ensayo se centra esencialmente en el período de transición en sí. Describe con cierto detalle lo que los primeros colonos de La Salette dejaron en su tierra natal, lo que encontraron aquí, las esperanzas y los planes que esperaban implementar en la década de desarrollo después de su llegada a los Estados Unidos.

Traza la trayectoria de La Salette dentro del amplio movimiento de la Iglesia y de los eventos del mundo al final del siglo. El informe del progreso de la Fundación Hartford se desarrolla aún más en el contexto de la lucha en curso de la acosada Congregación con el partido anticlerical en el poder de Francia. Entrelaza los elementos del Viejo Mundo y el Nuevo Mundo en el formato del Evangelio de morir y resucitar, llevando a un acercamiento dramático la amenaza de extinción en Francia y la emoción de la expansión en América.

El aficionado de la historia en mí dio la bienvenida a la oportunidad de merodear por los estantes olvidados, disfrutó el desafío de revisar los archivos, los diarios y las cartas en busca de las cosas y el contenido de una historia compartida, de un patrimonio común. El largo y serpenteante camino no resultó tan desconcertante y solitario como se había previsto. Muchos colegas habían viajado de esa manera antes que yo.

Entre ellos, destacó a James O'Reilly, M.S. y Eugene G. Barrette, M.S. cuyas labores de amor han desenterrado datos, hechos recopilados, cronologías establecidas, hombres y eventos rescatados del olvido, materiales originales traducidos y arriesgadas evaluaciones informativas. Ellos encuentran aquí el agradecido reconocimiento de mi fraterno endeudamiento con ambos.

En un borrador anterior, estas páginas encontraron su camino en las manos y el escrutinio de los dispuestos lectores. La ayuda en la corrección, los comentarios, las críticas y las sugerencias ofrecidas por Raymond G. Cadran, M.S., Roger J. Plante, M.S. y Normand Théroux, M.S., fueron muy alentadoras y muy útiles. Las suyas no fueron, de ninguna manera, una tarea sin reconocimiento.

El Sermón de la Montaña nos pide que prestemos atención a las alas y las raíces: "Considera las aves del cielo… Piensa en los lirios del campo…" (Mateo 6:26, 28). ¡Cuánto más profundas y fuertes sean las raíces, más alto se pueden elevar!

Primera Iglesia de Nuestra Señora de los Dolores en Hartford, CT

Capítulo Uno–Una Comunidad Llega a su Desarrollo

Sello de Aprobación

La aprobación definitiva de su Instituto por decreto de la Sagrada Congregación de Obispos y Regulares el 14 de mayo de 1890, pone un sello de aprobación a los valientes esfuerzos que los Misioneros de Nuestra Señora de La Salette habían realizado durante casi cuatro décadas. Reconoció sus probados celos apostólicos, la rápida expansión de su campo de actividad y el aumento apreciable en sus filas, después un período desalentador de reducción en la membresía. Confirmó un estado de igualdad canónica con la misión universal que la joven Congregación había, desde el principio, considerado como una dimensión esencial del llamado de La Salette.

De hecho, hubo motivo para regocijarse aquí. La pequeña Comunidad había ministrado ansiosamente a treinta mil peregrinos anualmente desde mayo de 1852, cuando el grupo fundador se estableció en el sitio de la Aparición. Los humildes comienzos, cuando una casucha en una montaña primitiva sirvió como cuarto domitorio, sala comunitaria, comedor, taller de trabajo y recibidor, sus tablones mal ajustados que ofrecen una vista rara del cielo alpino estrellado, y su crudeza que incitaba a una comparación con el establo de Belén, fueron gratamente recordados. De hecho, esos días heroicos llevaban el sello de autenticidad de las penurias soportadas por el Evangelio, la única garantía del éxito apostólico.

p. Bernardo Burnoud (1807-1865); desde 1852 hasta 1855 fue el primer Superior de La Salette

Administradores competentes e incansables trabajadores, ambos, Bernard Burnoud (1807-1865): el superior desde 1852 hasta 1855—y Pierre Archier (1815-1899): el superior desde 1856 hasta 1865—habían logrado proporcionar un flujo aparentemente interminable de visitantes con servicios de comida en la cima de la montaña; supervisar la construcción de una impresionante iglesia santuario, una hazaña de ingeniería en esa altitud y en ese momento; mantener la paz entre los ciento ochenta y tantos obreros de Lombard, asegurando su total cooperación con Alfred Berruyer (1819-1901), el renombrado arquitecto de la prestigiosa Escuela de Bellas Artes en Lyons; todo el tiempo guiando con tacto a sus propios colegas a través de las diversas etapas de un experimento en la vida religiosa apostólica. Las confesiones diarias, procesiones, misas y predicación—en sí mismas una alimentación de la multitud en el desierto—completaron el cuadro. Era cualquier cosa menos una naturaleza muerta.

Durante los meses de invierno, los Padres se comprometieron en el ministerio de las misiones parroquiales. Sus servicios eran muy solicitados. Se proporcionó una base de operaciones fuera de temporada en la ciudad de Grenoble en Rue Saint-Vincent-de-Paul, que posteriormente cambió el nombre a Rue Voltaire, una señal entre muchas de los tiempos cambiantes y lealtades. Dedicada solemnemente el 4 de febrero de 1855, la Capilla adjunta a su nueva residencia pronto atrajo a un número envidiable de fieles.

Altar mayor de la Capilla de La Salette en Rue Joseph-Chanrion en Grenoble en 1870

De pie contra un telón de fondo pintado de paisaje montañoso, la estatua de Nuestra Señora con su crucifijo distintivo facilitó los visuales: "La Virgen Reconciliadora, en medio de este sorprendente panorama, parecía salir del desierto hacia su pueblo"

[Hostachy, 1930:35]. Tomando turnos, sus Misioneros dan a su Bella Dama el fervor de sus elocuencias, "haciendo eco e interpretando esas mismas palabras que ella vino a decir en la tierra."

Con ligeras variaciones, este patrón básico se repetiría una y otra vez: en 1869, con la inauguración del Santuario de Notre-Dame de La Salete de Pipet en Vienne; en 1879 con la apertura de la Capilla en Rue Joseph-Chanrion en Grenoble; en 1889, cuando la Congregación asumió el cuidado pastoral del venerable Santuario de Notre-Dame de l'Hermitage en Noirétable. En la mente de estos hombres, tales capillas y lugares de peregrinación eran extensiones vivientes del célebre sitio donde la Madre de Dios había venido en persona para expresar su urgente llamado. El objetivo de su predicación fue despertar en sus oyentes un sentido de la presencia afectuosa de María y así abrir sus corazones a la gracia de la conversión.

Semillas del Futuro

En enero de 1876, mientras estaban bajo los auspicios diocesanos y sin un programa de reclutamiento que pudieran llamar suyo, los Misioneros de La Salette lidiaron seriamente con la cuestión crucial de la oferta y la demanda. Sus ministerios se multiplicaban y prosperaban. Los obreros, sin embargo, eran pocos; los mismos pocos. Jean Berthier (1840-1908), que había ingresado a la Comunidad como diácono de la Diócesis de Grenoble, describió la situación en estos términos [Berthier, 1884:6]:

p. Jean Berthier, M.S.
(1840-1908)

"Las multitudes acuden a La Salette de todas partes por miles, los pecadores se están convirtiendo, y hay evidencia definitiva y visible de un renacimiento espiritual. Durante casi veinticinco años, desde 1852 hasta ahora, estos mismos Misioneros, reclutados entre los diáconos y sacerdotes de ésta y otras diócesis, han estado predicando misiones y retiros y han sido bendecidos en su trabajo por Aquel que los envió. Sin embargo, su número está lejos de ser suficiente para satisfacer las demandas de aquellos pastores que solicitan sus servicios. Para empeorar las cosas, las vocaciones al sacerdocio son cada vez más escasas."

Propuso que se creara una escuela "para niños que, aunque pobres en las cosas de este mundo, son ricos en las bendiciones de una vocación al sacerdocio religioso." Recordó su primera visita a la montaña santa y cómo él mismo había escuchado el llamado a La Salette "de labios de la Virgen Reconciliadora, que se hace amiga de los niños, los trabajadores y la gente común." Reunidos en Grenoble para su primer Capítulo del 29 de enero al 10 de febrero de 1876, los Misioneros de la Salette discutieron la propuesta de Berthier con cierto detalle. Sylvain-Marie Giraud (1830-1885), quien contemplaba intenciones más elevadas sobre la reorganización del Instituto, se opuso. Como líder anterior que había sentido profundamente la falta de personal, Archier favoreció el plan. "Para el Instituto de sus sueños, Padre Giraud no quería otra cosa que la élite del clero. El deseo de la mayoría era más realista: abrir una escuela para la formación de futuros misioneros" [Novel, 1968:30].

El sábado 29 de enero, el día que abrió el Capítulo, Giraud renunció al cargo de superior que había ocupado desde 1865 para dar a sus colegas mayor libertad en el turbulento asunto de la Regla de la comunidad. Al terminar el Capítulo, Archier fue elegido para sucederlo y Berthier fue uno de los consejeros. El camino hacia el establecimiento de la Escuela Apostólica estaba ahora despejado. Quedaba por tomar un paso diplomático. ¿Se opondría Amand-Joseph Fava (1826-1899), Ordinario de Grenoble desde el pasado 18 de noviembre, a las posibles intrusiones de reclutamiento en su propio seminario menor diocesano? El 13 de junio de 1876, la feliz ocasión de la primera peregrinación del Obispo Fava en la montaña santa, Archier cabalgó con él hasta La Salette. En algún lugar entre La Mure, donde se había reunido con el prelado y había sido invitado a unirse a él en su carruaje, y Corps, Archier abordó el asunto crucial. Obispo misionero en Martinica antes de su nombramiento a Grenoble, Fava, no solo otorgó el permiso, sino que también le dio un caluroso endoso personal.

Las Crónicas de Notre-Dame de La Salette publicaron la decisión e invitaron a todos los niños interesados a inscribirse. La respuesta fue abrumadora. Cuando las clases comenzaron el 5 de agosto de 1876, había una lista de espera. El esfuerzo que Berthier había dedicado con éxito durante diez años al ministerio de misiones parroquiales, como primer director de la Escuela Apostólica, ahora lo invirtió en veinte niños, "casi tan pobre como la pareja original, atraída a la montaña de María y llamados a su vez a ser heraldos de su misericordia." Después de las vacaciones de Navidad, el cuerpo estudiantil se trasladó a San José en Corps, donde se instaló en una arruinada estructura parecida a un granero en una finca que se había comprado en 1860. Comienzos optimistas recordaba una vez más el nacimiento de Cristo.

Misión a Escandinavia

La expansión en este momento dio un giro especialmente aventurero. Reunidos en el sitio de la Aparición el 18 de junio de 1880, la Comunidad de La Salette participó en una emotiva ceremonia de "una caravana polar," desde donde pronto partirían hacia Escandinavia. Nombres tan resonantes y desconocidos como Hammerfest, Harstad, Narvik, Tromsö y Trondheim se unirían a una creciente lista de lugares y residencias de La Salette.

Las circunstancias afines explicaron este inesperado desarrollo. Msgr. Bernard Bernard (1826-1895), originalmente un sacerdote de la Arquidiócesis de Rheims, entonces Prefecto Apostólico de Noruega y Laponia, había estado buscando refuerzos para el servicio en el vasto territorio confiado a su cuidado. Devoto a la Madre Llorosa y consciente del

obispo Bernard Bernard, M.S. (1826-1895)

nombre que sus hijos misioneros habían hecho por sí mismos como apóstoles, un día llegó tocando a su puerta. Por falta de personal disponible, sin embargo, ellos lo habían rechazado a regañadientes. Su necesidad era enorme. También lo fue su fe en el futuro de los Misioneros de La Salette. Una vez que sus perspectivas se habían iluminado con la apertura del seminario menor en Corps, renovó su urgente llamado. El momento no pudo haber sido mejor. Con el apoyo del Obispo Fava, estaban discutiendo sobre la posbilidad y la oportunidad de solicitar a Roma el estado canónico internacional. Bajo los ruegos de Bernard, las cosas se movieron rápidamente. Reunidos en Capítulo Extraordinario el 8 y 9 de octubre de 1878, los Misioneros de Nuestra Señora acordaron buscar la aprobación papal y asumir la Misión de Noruega. El Capítulo comisionó a Sylvain-Marie Giraud y a Henri Berthier (1833-1885) para revisar y modificar el texto de la Regla para presentarla a la Santa Sede. Arzobispos y obispos habían proporcionado testimonios, el expediente fue recopilado, la petición formal fue redactada y enviada.

Por su parte, Bernard inmediatamente presentó una solicitud formal ante la Congregación *de Propaganda Fide*. En este caso, Roma actuó con una expedición poco acostumbrada. Propaganda otorgó su autorización el 6 de marzo de 1879 y se elaboraron los términos de un contrato de diez años. El 18 de abril de 1879, la Congregación de Obispos y Regulares emitió el decreto laudatorio que confiere el estado de derecho pontifical *ad experimentum* en el Instituto. Bernard personalmente ratificó esta alianza entre la Prefectura Apostólica de Noruega y los Misioneros de Nuestra Señora uniéndose a sus nuevos compañeros de trabajo. Recibió el crucifijo el 25 de abril de 1879, y profesó sus primeros votos como un La Salette el 6 de julio de 1880.

El clima nórdico, la cultura y el idioma, los puestos remotos y el predominio luterano planteaban, sin duda, un desafío. Sin embargo, los hombres de La Salette mostraron una tremenda capacidad de adaptación. Sus toques comunes, formas sencillas, y cálidos encuentros personales rompieron la timidez inicial y la desconfianza para lograr un acuerdo ecuménico viable, aunque precoz.

El año 1885 se destaca en las crónicas de la ventura de Noruega. En el corto lapso de seis meses, los Misioneros experimentaron tanto la angustia de trágica pérdida, como la euforia de la esperanza reavivada. Reunidos en Grenoble desde el 8 de enero hasta el 2 de febrero de ese año, el Capítulo General expresó su satisfacción con el crecimiento de la misión y aprobó el siguiente voto de confianza: [Novel, 1968:45]: "El Capítulo decide que el Consejo General puede, cuando lo considere oportuno, solicitar el levantamiento de provincias en Noruega y Francia. Mientras tanto, otorga al reverendo Padre Henri Berthier poderes análogos a los de un superior provincial."

Volviendo a su puesto después del Capítulo y una estimulante gira misionera en su natal Francia, Berthier había abordado el barco alemán *Norden* en Hamburg. Cuando el crucero británico *Cumberland* chocó con el *Norden* en el Mar del Norte el 25 de febrero, se ahogó. Alphonse Besson (1852-1944), que navegaba con él a Escandinavia, sobrevivió al suceso. Unos seis meses más tarde, en la primera ordenación católica romana en Noruega desde la Reforma, tres misioneros de La Salette fueron ordenados al sacerdocio en la Capilla del Sagrado Corazón en Trondheim el 6 de agosto. Entre ellos estaba Joseph Vignon (1861-1912).

Por razones de salud, Bernard renunció como Prefecto Apostólico en 1887. Esto resultó ser una decisión trascendental. Surgió un conflicto irreconciliable entre las necesidades pastorales de la misión y los requisitos de la vida religiosa, de modo que al expirar el contrato los misioneros de La Salette se retiraron [Jaouen, 1953:94]:

> "El nuevo prefecto no compartió las opiniones de su predecesor sobre la vida religiosa. Aunque acogió la colaboración de religiosos, creía que podía desplegarlos sin tener en cuenta las obligaciones de obediencia y vida comunitaria, asignándolos a puestos aislados, lejos de sus colegas, sin consultar a sus superiores. Esta fue la causa de los problemas que llevaron al retiro de los Padres en 1892."

Unidad en Propósito

Recordando aquí en forma de cápsula, la historia de los Misioneros de La Salette en los años 1852 a 1892 es una de desarrollo y crecimiento constante, a lo largo de caminos aparentemente fortuitos. Es la historia de cambios y cambios. El carácter y el espíritu de un instituto religioso no pueden ser captados por completo ni en su momento de establecimiento ni en sus documentos oficiales. La experiencia vivida que los encarna a ambos debe ser consultada, si queremos captar la realidad intangible de la gracia que llevan. Esta experiencia vivida y las decisiones tomadas a lo largo del camino forjan el carácter y dan forma al espíritu de maneras imprevistas, de maneras rara vez reconocidas mientras suceden, de maneras muchas veces negadas una vez que han sucedido.

Al principio, surgió un núcleo de obras apostólicas de La Salette: cuidado pastoral de los peregrinos, especialmente, pero no exclusivamente, en la montaña santa; predicando misiones parroquiales; realizando retiros para clérigos, religiosos y laicos; publicación de las Crónicas; servicio en misiones extranjeras; reclutamiento y formación de candidatos. Cada uno de éstos están relacionados explícitamente con la Aparición.

obispo de Grenoble, Philibert de Bruillard (1765-1860)

En 1851, cuando el obispo de Grenoble, Philibert de Bruillard (1765-1860), aprobó la Aparición, se creía ampliamente que la Salette no debía ser simplemente otra Nuestra Señora de éste o aquel lugar, deslizándose al lado de Notre-Dame du Laus, Notre-Dame de l'Osier, Notre-Dame de Myans—una vez que la celebridad inicial y la curiosidad que lo rodeaba se hubo calmado—para convertirse en un sitio más de devoción local o en el punto central de las peregrinaciones regionales. Para un hombre, los pioneros Misioneros estaban convencidos de que ésto era cierto.

La idea inicial que un miembro de su grupo fundador, François Denaz (1806-1857), expresó en su carta del 4 de agosto de 1855, a Achille Ginoulhiac (1806-1875), el sucesor inmediato de de Bruillard como Obispo de Grenoble, postula un vínculo esencial e íntimo entre la futura Congregación religiosa y la Aparición. La importancia y el alcance de la Aparición eran tales, argumentó, que un vínculo puramente externo no les haría justicia. Un vínculo intrínseco, un vínculo de identificación, es más bien lo que tenía en mente. Una manifestación significativa en la historia de la Iglesia y el mundo, La Salette—como un acontecimiento histórico—pertenece al pasado. Sin embargo, dada su perdurable implicación, recordarlo simplemente como un evento pasado sería inadecuado. Debe ser prolongado en tiempo, extendido en espacio y siempre presente en su perdurable gracia y misterio.

¿Cómo y dónde se dio a lugar esta identificación? El propósito divino de la Mensajera en visitar La Salette debe, de hecho, convertirse en el propósito de sus Misioneros. El objetivo de Nuestra Señora de venir a La Salette y el objetivo que sus Misioneros prometen seguir al responder a su llamado—al mismo tiempo—trae a la Congregación a su nacimiento y renueva su vida. En términos generales, tal coincidencia en propósito primario afecta la unión de sus Misioneros con María: en su celo por la venida del Reino de Dios y en su preocupación maternal por la extraviada humanidad. En términos más concretos, trae una unidad con María al ofrecer un remedio específico para los males de la sociedad.

Denaz entonces se atreve a nombrar estos males: "A menos que esté equivocado, los males que devoran a la sociedad son la codicia, la sensualidad y la exasperación con la autoridad en cualquier forma. Los Misioneros de Nuestra Señora de La Salette deben, por lo tanto, contrarrestar estos males mediante el desprendimiento voluntario, la mortificación y la penitencia, y la obediencia absoluta de sus propias vidas" [Jaouen, 1953:36]. Desde su punto de vista, este remedio no puede ser algo aparte de ellos mismos, algo que ellos aplicarían. Denaz vio el testimonio de sus votos como un desafío profético y un regalo sanador para el mundo. La premisa aquí redondea su concepto de unidad en el propósito con María. Mientras que su Aparición proponía remedios concretos, la Madre de Jesús, ante todo, llevó a La

Salette, el más completo ejemplo de los defensores del evangelio.

Resurgimiento de la Profecía

Papa Pío IX (1792-1878)

El fruto de la reflexión personal, el profundo vínculo de La Salette con los males contemporáneos según Fraçois Denaz fue también el origen del pensamiento religioso a mitad del siglo diecinueve. La agitación política sin paralelo y la confusión social que caracterizaron el período se describieron con frecuencia en las imágenes de enfermedades, heridas y tormentas violentas. En tiempos de calamidad, el pueblo cristiano se había dirigido infaliblemente a la Madre de su Señor, procurando la protección de su intercesión. En este extracto de su Encíclica Ubi Primum del 2 de febrero de 1849, sobre la Inmaculada Concepción, un atormentado Papa Pío IX (1792-1878) prepara los senderos de los tiempos aún cuando denota una nota de esperanza [Doheny, 1954:3]:

> "En nuestro propio día, con el afecto siempre misericordioso tan característico de su corazón materno, María desea, a través de su eficaz intercesión con Dios, liberar a sus hijos de los problemas tristes y cargados de dolor, de las tribulaciones, la ansiedad, las dificultades y los castigos de la ira de Dios, que afligen al mundo debido a los pecados de las personas. Deseando restringir y disipar el huracán de males que, mientras nos lamentamos desde el fondo de Nuestro corazón, están en todas partes afligiendo a la iglesia, María desea transformar nuestra tristeza en alegría."

Anteriormente los fieles se habían vuelto hacia ella en su necesidad;

parecía que María ahora se estaba volviendo hacia ellos en una hora crucial, añadiendo a la incesante intercesión un ministerio Mariano de intervención. En su Carta Pastoral del 1 de mayo de 1852, anunciando la construcción de la iglesia santuario de La Salette y el establecimiento del grupo misionero diocesano, de Bruillard recurre en esta interpretación de las apariciones recientes y destaca la oportunidad de las cuatro visitas de la Virgen a la diócesis [Bassette, 1955:276]:

> "¿No fue esta Aparición del 19 de septiembre de 1846, el presagio de los acontecimientos más trascendentales? Observe la agitación popular, los tronos derribados, Europa en agitación, la sociedad deslizándose hacia su ruina. ¿Quién nos ha preservado y quién continuará protegiéndonos de desgracias aún mayores, sino Ella, que vino de lo alto a nuestras montañas para plantar allí un canto de esperanza y salvación, un faro infinito, una serpiente de bronce a quienes los devotos han elevado sus ojos para prevenir la ira del cielo y sanarnos las heridas incurables?"

La serie de apariciones del siglo diecinueve en suelo francés—París (1830), La Salette (1846), Lourdes (1858), Pontmain (1871) y Pellevoisin (1876)—fue vista como un dramático renacimiento del carisma de profecía en la Iglesia y recibido como el comienzo de la Era de María. En su *Comentario sobre Mateo XI, 13*, Santo Tomás de Aquino escribió: "El profeta es enviado con un doble propósito: establecer la fe y corregir la moral. Ahora, la fe ha sido establecida ya que por medio de Cristo se cumplieron todas las promesas. Con el propósito de corregir la moral, sin embargo, la profecía no es ni deseada ni nunca lo será." Los días ennegrecidos por la impiedad y la turbulencia política sin duda justificaron un nuevo derramamiento de luz profética mediado en este caso contundente por la misma Reina de los Profetas.

Dando Sentido al Caos

Los eventos actuales ciertamente generaron confusión. Libros y panfletos de inspiración apocalíptica proliferaron en este período caótico. Se realizaron innumerables intentos para unir pasado,

presente y futuro en una relación comprensible, aunque artificial. La Iluminación, la Revolución Francesa, la Restauración Borbónica, la Comuna de París adquirieron un significado escatológico. Muchos se esforzaron por ver esos momentos difíciles en la historia como parte de un plan providencial para la salvación de Francia y del mundo. Las profecías antiguas, que predecían una era de prosperidad para la iglesia y el estado, anunciadas por el regreso de un rey francés y un papa angelical, unieron fuerzas para crear un imperio cristiano universal, revivieron y encontraron lectores entusiastas.

Prominente entre tales apocalipsis populares fue el Secreto de Mélanie Calvat (1831-1904). Divulgado poco a poco y en circulación limitada tan pronto como en 1860, fue publicado en su totalidad en 1879 con el *imprimatur* del Obispo de Lecce, Salvatore Zola (1822-1898), su director espiritual. La Salette inevitablemente se vio envuelta en el furor que su publicación desató. La diseminación del supuesto secreto de Mélanie atrajo la atención de forma nociva a las revelaciones que habían sido confiadas a los dos niños en el curso de la Aparición, pero que hasta ahora habían sido consideradas de naturaleza personal y destinadas a permanecer en secreto. El mensaje público y el mensaje secreto de La Salette ahora estaban en clara distinción.

"¡Lo que No te Dicen en La Salette!" el título de un polémico folleto decía en forma de burla. Si bien fueron muy cuidadosos de no decir nada que pudiera impugnar su testimonio como testigo de la Aparición, los Misioneros se desvincularon de la incursión equivocada de Mélanie en la profecía. Sus partidarios los castigaron por su tímida actuación como profetas. Fueron denunciados de diversas maneras por esconderse debajo de una canasta de celemín—supuestamente en deferencia cobarde al temor de Roma de la *verdad*—la parte más incisiva y beneficiosa de lo que Nuestra Señora había revelado.

Sus Misioneros se mantuvieron en un fuego cruzado, que calmaban a aquellos que ahora dudaban de su credibilidad como testigo. La disputa prolongada, de hecho, hizo que varias personas cuestionaran la autenticidad de la Aparición misma.

Un regalo carismático, el mensaje de La Salette pertenecía a la Iglesia. Los Misioneros de Nuestra Señora nunca afirmaron ser sus propietarios ni sus únicos intérpretes, pero tenían toda la intención de seguir siendo sus fieles custodios. Lo entregarían en su integridad original. En todo caso, la controversia los confirmó en su mayordomía y los desafió a reapropiarse. Bíblica en inspiración, de tono profético, su urgencia no radica en un futuro despojado de misterio por la especulación oculta, sino en un presente agraciado por un llamado urgente a la conversión y la más tierna garantía de perdón.

Aprendiendo de la Experiencia Vivida

Los puntos de vista claramente diferentes sobre el estilo de vida religiosa—activa-apostólica o contemplativa-penitencial—que debían adoptar, desde el principio, dividieron la Comunidad y obstaculizaron todo intento de formular una Regla que todos los miembros pudieran verdaderamente llamar suya. En su nombramiento como superior en mayo de 1865, Archier inmediatamente refirió este embarazoso estancamiento a la cancillería de Grenoble. En una respuesta escrita, fechada el 17 de junio de 1856, Philippe Orcel (1805-1878), Vicario General y Rector del Seminario Mayor, quien había ayudado a varias congregaciones de mujeres religiosas en la redacción de sus constituciones, ofreció este sabio consejo [Hostachy, 1930:44]:

de izquierda a derecha: Los padres Rousselot y Orcel

"Déle un vistazo a lo que el experimento le ha enseñado, y luego, una vez que haya discutido ésto con sus colegas, especialmente con el Consejo, presente el resultado de su reflexión y de su experiencia a Su Excelencia."

La fecundidad del proceso primero se vuelve aparente en la Regla de 1858, la Regla primitiva. El Capítulo 1 aborda la cuestión de la identidad en estas palabras [Stern, 1968:8]: "Los Misioneros de Nuestra Señora de La Salette deben considerarse los mensajeros de la Reina del cielo.... difundiendo y dando a conocer, más aún por su ejemplo que por sus palabras, las advertencias divinas que ella misma gentilmente trajo a la tierra." Esta autocomprensión abarca el propósito de María al visitar La Salette. La referencia a "advertencias divinas" resalta la dimensión profética de la Aparición. La inserción "más por su ejemplo que por sus palabras" enfatiza el espíritu de oración y penitencia que debe despertar el celo de los Misioneros y dar testimonio de su continúa conversión de vida.

El Capítulo 4 describe el espíritu de la Congregación en términos tridimensionales: "hombres de oración, hombres de fervor, hombres de penitencia." Bajo el título central encontramos la primera mención en los documentos oficiales de La Salette de "males contemporáneos" [Stern, 1968:10]:

> "Hombres de fervor, ... indudablemente darán instrucciones contundentes y sólidas sobre todas las virtudes del cristianismo, pero sobre todo enfatizarán los puntos prácticos incluidos en sus advertencias divinas, que son singularmente parecidos a los males presentes de la sociedad cristiana, y que, de acuerdo con los propósitos del Cielo, no pueden dejar de ser particularmente eficaz para tocar y convertir."

La consulta con su propia experiencia personal le enseñó al grupo de Misioneros de La Salette de finales de la década de 1850 varias lecciones valiosas. Los males eran desenfrenados. La sociedad estaba infectada. Tales males no podían simplemente ser negadas, lamentadas o ignoradas. La misericordiosa Aparición desafió a sus heraldos para contrarrestarlos. La predicación que habían hecho, las confesiones que habían escuchado daban un testimonio contundente del hecho de que los corazones podían ser movidos, que las vidas podían ser cambiadas. Por consiguiente, hicieron su objetivo "despertar a los pecadores de su desafortunado letargo." Eligieron predicar con el ejemplo y la palabra como su vehículo privilegiado. Obtuvieron los temas de sus sermones de la súplica llorosa de María. Subrayaron los "puntos prácticos" de su discurso, destacando su "idoneidad de los tiempos" y dando la bienvenida a su probado poder de "tocar y convertir." En una época de pesimistas, decidieron sondear las profundidades de la penitencia y la oración en busca de palabras que su mundo realmente necesitaba escuchar, palabras de esperanza.

Recetando para las Enfermedades de la Sociedad

p. Sylvain-Marie Giraud, M.S. (1830-1885) a los 35 años de edad

Sylvain-Marie Giraud, quien profesaba un profundo amor por la Madre de Cristo, reprochó a la piedad mariana de aquel entonces por su superficialidad [Giraud, 1946:55]: "¿Qué vemos con demasiada frecuencia? Una devoción totalmente externa que es apenas beneficiosa; una vaga devoción fomentada, desafortunadamente, por un exceso de publicaciones—que carecen de una base sólida, carente de teología—de las cuales las verdades cristianas puras y sólidas casi siempre se excluyen para dar cabida a un sentimentalismo ingenuo que no proporciona ningún alimento serio para el pensamiento y deja el corazón vacío de una resolución firme para hacer el bien."

El extenso renacimiento de la devoción a la Madre de Dios, él lo atribuyó en gran medida a las apariciones del siglo diecinueve. Debido a que una crisis en la historia había suscitado estas visiones, argumentaba, la aparente devoción debe intensificar el compromiso de fe de los devotos y estimularlos a la acción que influirá los tiempos. Después de atribuir gran cantidad de culpa a esta situación lamentable al control de los autores, en el otoño de 1861 Giraud puso fin a su primer escrito, *El Libro de los Ejercicios Espirituales de Nuestra Señora de La Salette*.

Como claramente indica el título, el trabajo fue modelado después de los *Ejercicios Espirituales* de San Ignacio de Loyola. Extraídos del discurso y del simbolismo de La Salette, los puntos para la meditación proporcionaron "alimento serio para el pensamiento." La dinámica Ignaciana de compromiso total de la mente, la memoria, el sentido y el afecto, requerida en las contemplaciones y coloquios, no "dejaría el corazón vacío del firme propósito para hacer el bien," como otros enfoques obviamente tenían.

En cuanto a la suposición de que la Aparición en La Salette señala tiempos críticos, Giraud insistió en que los breves momentos de fervor carecen de una respuesta apropiada a su urgencia [Giraud, 1946:397]:

> "La Salette no es lo que el ojo exterior percibe y de la que quizá se maravilla. No es simplemente un santuario donde uno puede pasar unos días en el recogimiento y la paz. Tampoco es La Salette la que irradia la emoción de que el recuerdo de las lágrimas que la reina del Cielo derramó aquí por los pecadores se acelera en el alma. La Salette no es ofrecer unas cuantas oraciones adicionales ante del altar, ni tampoco unos pocos pensamientos devotos y deseos sagrados, tales como visitar el alma para engañarnos y seducir nuestro orgullo sin hacernos realmente mejores personas."

Su análisis de la escena contemporánea, evidentemente, incluye una mirada implacable dentro de la propia comunidad cristiana [Giraud, 1946:51]:

> "¿Qué pueden ofrecer las almas apáticas, caprichosas y tibias a este siglo superficial y sin fe? Poco menos que un cristianismo empobrecido, prácticas religiosas sin impacto y una devoción desprovista de vigor, profundidad o vitalidad."

Mientras que Denaz había enumerado tres males principales, recuerdos de la clásica trilogía presentada en 1 Juan 2:16, Giraud se inspira en la oración inicial de Nuestra Señora y apunta a la libertad desenfrenada como la raíz del mal [Giraud, 1946:397]:

> "La Salette es Dios, celoso, en lo que concierne al amor por las almas, intentando una vez más—y quizá por última vez—volver a ganar el mundo para salvarlo; y quien por esta razón envía a su propia Madre, la Madre de un pueblo ingrato, a llorar allí y, en su abrumadora tristeza, lanzar al mundo la misma amenaza que traspasó su propio corazón: *"Si mi pueblo se niega a someterse, me veré forzada a dejar caer el brazo de mi Hijo."* Es obvio para aquellos cuyos ojos están abiertos que un mal terrible ha invadido nuestra sociedad moderna, un espíritu rebelde, un desprecio por la autoridad y un vehemente anhelo de independencia absoluta y libertad desenfrenada. La Salette es el plan divino de la Encarnación, distorsionado y frustrado en su cumplimiento profundamente deseado por la malicia de las personas, puesto ante la libertad humana nuevamente."

Las referencias a la ira divina y el castigo no están ausentes de su léxico, pero Giraud establece su llamado en el amor más que en el miedo al castigo inminente:

> "… tanto amor debe incitar nuestra libertad a someterse libremente, humildemente, amorosamente y responder a un amor tan grande con todo el amor dentro de nuestro poder."

El amor y la libertad están íntimamente ligados. El espíritu del mundo, sin embargo, amenaza con mutilar y paralizar la frágil libertad humana de formas que a menudo pasan desapercibidas.

> "La Salette es una protesta valiente y enérgica, una lucha incansable contra las deplorables pero inteligentes incursiones del espíritu del mundo, ante las cuales casi todos nosotros, sacerdotes y fieles, hemos sido débiles hasta ahora."

Al proponer que el testimonio de sus propias vidas consagradas ofrece el antídoto más efectivo para los principales males de la sociedad, Denaz se centró en quiénes, específicamente, son los Misioneros de La Salette. Sugiriendo que están comisionados para ministrar a la libertad humana, desviados de su verdadera meta en cada época por las incursiones culturales, Giraud aborda la cuestión relacionada de qué es exactamente lo que hacen los Misioneros de La Salette. En la medida en que los discípulos de Cristo vivan sus vidas en respuesta amorosa a las necesidades más profundas del mundo, las necesidades manifestadas en sus males más graves, el mundo, irónicamente, establece la agenda cristiana.

Nota: P. Ron Gagne, M.S., el editor de esta publicación, ha agregado los siguientes pasajes de las Escrituras, preguntas de reflexión y oraciones a cada parte de este libro. Estos son para su reflexión personal o como oportunidades de compartir la fe para aquellos que han leído este libro.

Reflexión

Escritura: Mateo 6:25-30 (Dependencia de Dios)

"Por eso os digo, no os preocupéis por nuestra vida, qué comeréis o qué beberéis; ni por vuestro cuerpo, qué vistiréis. ¿No es la vida más que el alimento y el cuerpo más que la ropa? Mirad las aves del cielo, que no siembran, ni siegan, ni recogen en graneros, y sin embargo vuestro Padre celestial las alimenta. ¿No sois vosotros de mucho más valor que ellas? ¿Y quién de vosotros, por ansioso que esté, puede añadir una hora al curso de su vida? Y por la ropa, ¿por qué os preocupáis? Observad cómo crecen los lirios del campo;.no trabajan, ni hilan; pero os digo que ni Salomón en toda su gloria se vistió como uno de éstos. Y si Dios viste así la hierba del campo, que hoy es y mañana es echada al horno, ¿no hará mucho más por vosotros, hombres de poca fe?

Preguntas para Relexionar:

Acabamos de leer acerca de los primeros años dc la fundación y el crecimiento de los Misioneros de Nuestra Señora de La Salette.

- ¿A qué desafío o transición importante han sido llamados a enfrentar usted, su familia o la comunidad parroquial en el pasado tanto lejano como el reciente?

- ¿Cuándo ha visto la gracia de Dios obrando en usted mismo o en otros con respecto a los desafíos en las relaciones, la salud o la edad?

Oración:

María, Madre de la Compasión, tus palabras seguras en La Salette acerca de las bendiciones de Dios "si (nosotros) nos convertimos" nos anima a enfrentar valientemente los muchos desafíos que debemos enfrentar en nuestras vidas. Su Hijo nos insta a no estar ansiosos cuando surjan necesidades. Debemos aprender de la forma en que crecen las flores silvestres.

Ayúdanos, Madre amorosa, a responder a los desafíos con fe de que Dios nos proveerá a medida que surjan las dificultades. Danos la esperanza profunda y duradera de la que habla San Pablo cuando dice: "Alégrate con esperanza, perdura en la aflicción, persevera en la oración."

Te lo pedimos por tu intercesión amorosa y por la gracia de tu Hijo que vive con el Padre y el Espíritu Santo, un solo Dios, por los siglos de los siglos. Amén.

Jaculatoria:

Nuestra Señora de la Salette, Reconciliadora de los pecadores, ruega siempre por nosotros que recurrimos a ti.

Capítulo Dos—Una Revolución Inconclusa

Progreso Ilimitado

Como periodista de *Le Temps*, Jules Ferry (1832-1893) se destacó por el análisis lúcido y la difusión que aportó a sus comentarios sobre eventos contemporáneos. Un siglo de luchas políticas había marcado a la nación con divisiones y oposiciones. El desafío que enfrentaba Francia, como él lo veía, no era diferente al que Estados Unidos enfrentaba en su intento de construir una identidad nacional después de la Guerra Civil. Creía que la Revolución inconclusa de 1789 era la clave de la elusiva unidad de Francia. Expuso la religión

Jules Ferry (1832-1893)

a un diagnóstico despiadado y la encontró "decadente más allá de todo remedio." Las viejas creencias habían sido socavadas, comentaba, pero estaban siendo exageradamente sostenidas por recientes supersticiones inventadas, como las apariciones marianas. Ferry llegó a la conclusión de que la resistencia de la Iglesia a la revolución durante un siglo debía detenerse.

Elegido para la Asamblea Nacional en 1869, Ferry ganó un púlpito prominente desde el cual podría proponer el nuevo humanismo. A los vítores de sus compañeros diputados de Izquierda, pronunció un encendido discurso el 10 de abril de 1870, en el que se exponía la doctrina de la ilimitada perfección humana y aclamaba la desaparición definitiva de la religión [Zeldin, 1973:625]:

> "Estaremos emancipados cuando la Humanidad ya no aparezca como una raza caída, afectada por el pecado original,

sino como una caravana incesante que avanza hacia la luz. Entonces nos experimentaremos como parte del gran Ser, que no puede perecer, la Humanidad, continuamente redimida, desarrollándose, mejorando."

Cuando se le pidió que resumiera sus ambiciones como legislador y servidor público, respondió decisivamente: "Mi objetivo es reorganizar a la humanidad sin Dios y sin Rey."

Secularización Tramada

El 4 de septiembre de 1870, cuando Francia se rindió a Prusia, el diputado de la Asamblea Nacional, León Gambetta (1838-1882), al frente de una turba de revolucionarios, proclamó la Tercera República Francesa. Resultó ser uno de los más confusos y paradójicos de todos los regímenes políticos en cualquier país [Shirer, 1969:35]:

> "Fue una maravilla que haya nacido en absoluto. ... Se originó por casualidad. La Asamblea Nacional, elegida en 1871 después del desastre de la rápida y humillante derrota de Francia por Prusia, no quería una república. Casi dos tercios de sus miembros—unos 400 de los 650 diputados eran monárquicos, pero no pudieron ponerse de acuerdo sobre un rey. Algunos querían al conde de Chambord, el heredero legítimo de los Borbones; otros querían al conde de París, el pretendiente orleanista. Unos pocos esperaban el regreso de otro Bonaparte."

La mayoría de los obispos y sacerdotes eran monárquicos. Una afiliación política lo suficientemente natural, desde que los pretendientes al trono habían afirmado su lealtad a la Iglesia, mientras que los líderes republicanos eran anticlericales declarados. La política del gobierno con respecto al dominio temporero del Papa, en general, determinó la posición tomada por el clero y los laicos sobre las relaciones Iglesia-Estado. Las opiniones católicas favorecieron fuertemente el restablecimiento de los Estados Pontificios aún a costa de ir a la guerra contra Italia.

Las elecciones de 1876 obtuvieron de los republicanos la mayoría parlamentaria que tanto habían esperado. Para asegurar la victoria Izquierdista, lanzaron una defensiva contra la influencia generalizada que la Iglesia todavía ejercía a través de sus obras de caridad, predicación y escuelas. Se otorgó crédito por efectividad sobresaliente en cada una de estas áreas—suficientemente precisa, aunque de mala gana—a los hombres y mujeres religiosas.

La dirección Republicana adoptó un plan de secularización graduado: establecer un sistema secular obligatorio de educación primaria, expulsar a los religiosos de las escuelas públicas y privadas, suprimir las universidades católicas, legalizar el divorcio, definir las funciones de la junta eclesiástica y municipal, el servicio militar obligatorio para los seminaristas, restaurar el Panteón para uso secular, abolir las oraciones públicas para la Asamblea Nacional, suscitar la separación de la Iglesia y el Estado a su debido tiempo.

Mientras Gambetta se concentraba en la política exterior, Ferry prefirió promover su objetivo de unidad nacional como Ministro de Educación. Trabajó incansablemente durante toda una década para promulgar una reforma masiva que afectaría la educación en todos los niveles. Paul Bert (1833-1886), profesor de fisiología en la Sorbona, elegido para la Cámara de Diputados en 1872, permitió sin reservas el uso de su propio estilo de fervor mesiánico a la causa del servicio militar obligatorio.

Población Fantasma

Durante el curso de 1878, se realizó un censo de una población legalmente inexistente. Este recuento oficial de personas fantasmas arrojó resultados sorprendentes. Había 30,000 hombres y 128,000 mujeres religiosas en Francia. El clero regular excedía en número a sus contrapartes seculares, tres a uno. A pesar del período de Restauración prohibiendo enseñar, los Jesuitas tenían 60 casas y anotaron 1,800. Las propiedades inmobiliarias y financieras combinadas de los religiosos en Francia se estimaron en 628, 000,000 francos, una figura altamente inflada.

Cuando Ferry presentó su proyecto de ley de reforma educativa el 15 de marzo de 1879, se las arregló para acoger incluso a sus colegas desprevenidos al añadirle una cláusula que se hizo famosa como el Artículo Siete: "No se permitirá a nadie que sea miembro de una comunidad religiosa no autorizada a dirigir una escuela de ninguna clase, sea pública o privada, o participar en cualquier enseñanza." La justificación se estableció brevemente: "El nuestro es un estado libre y laico. La educación patrocinada por clérigos y religiosos se inspira en los principios que se oponen directamente a su existencia y constituyen un peligro para su futuro."

La posición jurídica de los institutos religiosos en Francia era confusa, por decir lo menos. La Revolución había prohibido completamente la vida religiosa y había prohibido la profesión de votos. Con el tiempo, sin embargo, la mayoría de las órdenes disueltas se reagruparon y se fundaron otras nuevas. Una fuente de consternación en el campo anticlerical, este crecimiento constante tampoco satisfizo por completo a todos los obispos. Se pensaba que las congregaciones internacionales disfrutaban de un favor especial con la Curia romana. Los sacerdotes de orden—Dominicos y Jesuitas en particular—fueron buscados como oradores y confesores y, por lo tanto, percibidos como compitiendo con el clero diocesano por la influencia y los beneficios entre los fieles.

Napoleón Bonaparte en 1792 por Henri Félix Emmanuel Philippoteaux (1815–1884); foto: Stefan Bernd

Napoleón I (1769-1821) había omitido deliberadamente cualquier referencia a lo religioso en el Concordato de 1801 que concluyó con la Santa Sede. Su imperial decreto de 1804 había introducido una distinción entre las congregaciones autorizadas y las no autorizadas: "... ambas existen a costa del sufrimiento del estado, sus miembros y propiedades están sujetas a un poder extranjero, y difícilmente pueden describirse como amigables con las instituciones de su propio país. Una congregación no autorizada que así lo solicite puede ser legalmente autorizado por acto legislativo, convirtiéndose así en una persona civil, sujeto a las inspecciones y auditoria, y adquiriendo los derechos y privilegios legales de acuerdo con dicho estado. Una congregación no autorizada está privada de derechos jurídicos y no puede reclamar derechos ni prerrogativas de ningún tipo. Un forajido, continúa existiendo, posee propiedades y participa en transacciones legales a su propio riesgo" [Galton, 1972:239].

El gobierno rara vez concedió la solicitud; y para todos los propósitos prácticos, los "Artículos Orgánicos" de Napoleón se habían convertido en leyes de letra muerta. Durante los años, por lo tanto, pocas congregaciones tuvieron problemas para solicitar autorización.

Destellos Anticlericales

El Artículo Siete desató un debate acalorado en la Cámara. La Izquierda se apresuró a señalar la Sociedad de Jesús. La conducta y la teología de sus miembros fueron atacadas. Fueron acusados de constituir un estado dentro del estado, y apodaron a "la milicia contrarrevolucionaria." La Derecha observó que muy pocas de las órdenes en Francia tenían un general eclesiástico fuera del país, elogió a los religiosos por su patriotismo y llamó la atención sobre su distinguido servicio como capellanes y ordenanzas hospitalarias no remuneradas durante la Guerra Franco-Prusiana. Una petición, con un millón y medio de firmas e instando el repudio del Artículo Siete, puso a los legisla-

Charles de Saulces de Freycinet (1828-1923): foto: Nadar (1820-1910)

dores en aviso de que, si bien los anticlericales se habían convertido en una característica establecida de la vida francesa, no todos los anticlericales eran militantes. La medida fue aprobada, no obstante, y fue enviada al Senado.

Argumentando que la temeridad del Partido Republicano había destruido dos Repúblicas en el pasado, el Senado amenazó con rechazar el Artículo Siete. Hablando en nombre de Ferry, Charles de Freycinet (1828-1923), el Primer Ministro, advirtió que, si la Cámara Alta rechazaba la controvertida cláusula, el gobierno se vería obligado a "aplicar la ley existente." El 9 de marzo de 1880, el Senado rechazó el Artículo Siete. La Cámara tomó represalias el 29 de marzo, votando 324 a 125 para disolver todas las congregaciones no autorizadas. Los Jesuitas debían desalojar sus casas dentro de tres meses. Todas las otras congregaciones no autorizadas debían solicitar autorización dentro de noventa días o sufrir el mismo destino eventualmente.

Ese mismo día, la policía de París allanó once casas religiosas. Los frailes Carmelitas les dijeron que su fundador había obtenido la autorización de Jehú. "¿Jehú? No puedo ubicarlo," respondió el policía desconcertado. "Pero no estoy realmente sorprendido. Estos ministros han estado jugando a las sillitas últimamente."

Reunidos el 27 de abril en el Oratorio de París, los superiores de 48 congregaciones no autorizadas optaron por hacer una causa común con la Sociedad de Jesús y votaron unánimemente para no solicitar autorización. No se sabe si los Misioneros de Nuestra Señora de La Salette enviaron un representante a esta reunión.

El 29 de junio de 1880, cuando expiró el período de gracia, los Jesuitas fueron expulsados por la fuerza de sus casas en París y en las provincias delante de simpatizantes multitudes de expectadores. Cuatrocientos magistrados—muchos de los cuales eran exalumnos Jesuitas—renunciaron en lugar de hacer cumplir el decreto. Edmond Rousse (1817-1906), un renombrado jurista parisino, redactó una opinión que confirmó los derechos a existir de las congregaciones no autorizadas—enraizadas en los principios de la libertad individual y la santificación del domicilio—y su derecho a vivir en común—fundada en la disposición del Artículo 291 del Código Penal, que prohibía las asociaciones de más de veinte personas a menos que estuvieran viviendo en la misma casa. Cientos de abogados lo firmaron.

A manera de contradicción, René Waldeck-Rousseau (1846-1904), abogado y diputado de Rennes, ofreció una audaz articulación de la jurisprudencia republicana [Galton, 1972:238]:

> "El Estado tiene el deber permanente de garantizar los derechos individuales. Pero estos derechos son abdicados por personas que ingresan a órdenes religiosas, en las cuales no son admitidas, excepto por los votos de pobreza, obediencia y castidad. Cuando restas de la personalidad humana aquello que le permite poseer, aquello que lo convierte en un ser razonable, y lo que le permite propagarse, te pregunto cuánto de esa personalidad permanece. Los deseos y las intenciones no se fortalecen en las congregaciones mediante la cooperación, como lo hacen en las asociaciones ordinarias, sino que son aniquilados en beneficio de un poder cuyos intereses pueden ser contrarios a los del Estado."

Con la esperanza de aliviar la tensa situación, Charles Lavigerie (1825-1892), arzobispo de Algiers, se acercó al Primer Ministro francés ese septiembre en nombre de León XIII (1810-1903). Si los religiosos estaban dispuestos a declarar que su negativa a solicitar la autorización no tenía una motivación política, admitió Freycinet, la ejecución del decreto del gobierno al menos podría diferirse. Lavigerie luego elaboró, en nombre de las congregaciones no autorizadas, una declaración que repudiaba "toda solidaridad con las pasiones políticas" y

obispo Charles Martial Allemand Lavigeri (1825-1892), miembro de los Padres Blancos expresaba "sumisión al gobierno." Siguiendo el consejo de Hippolyte Guibert (1803-1886), O.M.I., arzobispo de París, todos se negaron a firmarlo. Lavigerie, quien había sido delegado por el Papa para iniciar un *acercamiento* entre la Iglesia y la Tercera República, informó su desilusión al Vaticano.

León XIII indicó que estaría complacido si los religiosos respaldaran tal declaración, pero que permanecían totalmente libres de hacerlo o no. La mayoría de ellos cedió, aunque sin quererlo. Resentido por esta relación con el detestable régimen republicano, un obispo Monárquico filtró la noticia de las negociaciones secretas al periódico monárquico burgués *La Guyenne* y el acuerdo fracasó. Los anticlericales estaban furiosos y forzaron la renuncia de de Freycinet. Ferry lo sucedió como Primer Ministro. Sin demora, se informó a las comunidades que los decretos de expulsión se implementarían según lo programado. Para angustia y la indignación de los católicos, 5,643 religiosos fueron expulsados y 261 residencias fueron cerradas en octubre y noviembre de 1880.

Papa León XIII (en sus últimos años)

The London Times redactó: "Las simpatías de Francia y del mundo siempre estarán del lado de los oprimidos. El tratamiento recientemente infligido a la orden no autorizada en Francia generalmente es condenado por jueces imparciales como un acto de despotismo." A lo que Bert replicó: "Que *The Times* se preocupe por los irlandeses y no por nosotros."

Falsas Alarmas

Doce jóvenes recibieron el hábito de los Misioneros de Nuestra Señora en La Salette el 21 de junio de 1880, tres días después de la impresionante ceremonia de partida de la misión de Noruega. Cuando bajaron de la montaña a San José en Corps, dejaron de lado la sotana, el cinto y el crucifijo "para frustrar a la policía." Durante todo el verano, Jean Berthier se mantuvo en alerta ante cualquier señal de que su querida escuela apostólica pudiera verse obligada a cerrar sus puertas. Un diario local de la comunidad registra la reacción del estudiante ante el amenazante edicto del gobierno: "Si quieren alejarnos, sería mucho mejor que nos mataran a que arrojarnos al mundo."

Aunque la situación no amenazaba la vida, hubo algunas falsas alarmas y una llamada cercana a ese otoño tenso cuando los miembros de las congregaciones no autorizadas, incluidos los Misioneros de La Salette, se enfrentaron a la no deseada perspectiva de destierro del aula y la patria. Una orden dirigida a cerrar la escuela en Corps fue, de hecho, emitida. El jefe de la policía local, que era afectuoso con los de La Salette, informó a Berthier a escondidas. Se hicieron los preparativos para una evacuación apresurada. Sin embargo, la orden fue cancelada posteriormente. La Escuela Apostólica en Rue Chanrion en Grenoble, fundada en agosto de 1879, tampoco fue molestada.

El Obispo de Grenoble, según se supo más tarde, había "intervenido más arriba." Aprovechando la palabra *Misioneros* para obtener el título de la Congregación, Fava había convencido a las autoridades de que la mayoría de los candidatos en formación continuarían sirviendo en tierras extranjeras. Los republicanos eran, en realidad, algo parciales a los Institutos de esos hombres que caían bajo tres clasificaciones: "inofensivos" como los Trapistas que permanecieron tan silenciosos sobre política como lo hicieron sobre todo lo demás; "socialmente útiles" como los Hermanos de San Juan de Dios, que se preocupaban por los enfermos físicos y mentales; "políticamente útil" como la Sociedad de la Misión Extranjera de París y los Misioneros de África, quienes trabajaron en la Indochina colonial francesa y África del Norte, respectivamente.

La evidencia de que el anticlericalismo fue una herramienta política en manos de la Izquierda se encuentra en la alabanza de Gambetta de los Padres Blancos, cuya obra consideraba que "'valía un cuerpo de ejército para Francia en Argelia.' Cuando alguien comentó que ésto 'cantaba una melodía diferente del antiguo grito de batalla,' respondió Gambetta, 'éso era una cuestión de política interna; el anticlericalismo, usted sabe, no es una de nuestras exportaciones'" [Acomb, 1967: 72].

Signos de Apaciguamiento

La década de 1880 vio señales de apaciguamiento en las relaciones Iglesia-Estado. En 1883, Charles Maret (1805-1884), obispo titular de Sura y respetado Decano del Departamento de Teología de la Sorbona, publicó *La Vérité catholique et la paix religieuse (La verdad católica y la paz religiosa)*, en la que sugirió que el principal desafío de la Iglesia no era la Tercera República sino la reconciliación de libertad con la religión:

> "El clero debe estar convencido de que el remedio para el mal que está actuando en nuestra sociedad en formas políticas no es la política. Todo lo que favorezca el reino de luz, justicia, caridad, paz, todo lo que contribuya a la reconciliación de la ciencia con la fe, de la libertad con la religión, debe ser el objetivo de las aspiraciones del clero."

Partiendo de su papel principalmente ceremonial y en respuesta a los acercamientos del Papa, el presidente de la República, Jules Grévy (1807-1891), apeló por escrito a León XIII ese mismo año [Acomb, 1967:42]:

> "Su Santidad se queja con razón de las pasiones anticlericales. Ciertamente existen, junto con los sentimientos opuestos de la mayoría de los franceses; pero ¿puede uno no reconocer que estas pasiones, que yo condeno, han sido producto principalmente de la actitud hostil de una parte del clero hacia la República, ya sea desde su establecimiento o en las luchas que desde entonces ha tenido que continuar para su existencia?"

En un apasionado discurso que dio a los diputados de la Cámara el 6 de noviembre de 1886, Raoul Duval (1832-1887) exhortó a sus compañeros católicos de derecha a abandonar su inútil obstruccionismo y les suplicó que "acepten una forma de gobierno que tal vez no hayan elegido pero que les da completa libertad para buscar nuestra causa por medio de una discusión honesta y perseverante. La República nos pertenece a todos, a mí, a ti. Es tuya si sólo tomas tu lugar en ella."

Varios obispos franceses comenzaron a abordar abiertamente el tema de la Iglesia y el Estado. Guilbert de Gap declaró: "Los primeros cristianos aceptaron a Nerón. Es nuestro deber asegurarnos de que el altar no se derrumbe con el trono." Pie of Pointers respondió: "Sólo Cristo es Rey. Es deber del Estado escuchar a la Iglesia mientras los devotos laicos escuchan a su confesor."]

Retrato satírico de Edgar Raoul-Duval **(1832-1887)** por Léon-Charles Bienvenu

Adolphe Perraud (1828-1906), obispo de Autun, se atrevió a tocar la reforma social que tanto la Iglesia como el Estado parecían estar descuidando: "Los sacerdotes deberían mantenerse al margen de las intrigas políticas porque la cuestión social exige su plena atención. Lázaro está a nuestra puerta (Lucas 16:20)." Freppel de Angers, miembro de la Cámara de Diputados, insistió: "En un pueblo cristiano, la política no es más que la aplicación de la moralidad al gobierno del país, y la moralidad es inseparable de la religión" [McManners, 1972:56].

Lavigerie de Algiers pidió una redefinición de la función primaria de la Iglesia en el mundo: "El papel de la Iglesia es la conversión de individuos

Adolphe Perraud (1828-1906), obispo de Autun, Francia ; wikipedia : HDL85

en lugar de la cristianización de la sociedad mediante la manipulación de los gobiernos." Sin embargo, a pesar de que el agente de la política de conciliación de León XIII era él, Lavigerie fue atacado en muchos aspectos. Y la propia declaración del Papa de que "el catolicismo no está casado con ninguna forma de gobierno" provocó que al menos un convento de monjas de clausura "rezara por la conversión del Santo Padre."

Vaivén Legislativo

Tampoco el coro republicano cantaba en perfecta armonía. El Partido—una aglomeración de grupos e individuos, en realidad—se había dividido en Izquierda, Izquierda Radical, Extrema Izquierda e Izquierda Socialista. La mayoría fueron más difíciles de conseguir; formando y celebrando coaliciones parlamentarias, más desafiante. "Idealismo versus política" disparó muchos debates internos. Los políticos les recordaron a los ideólogos que la reforma siempre debe distinguirse de la revolución, y les advirtieron que no incomodasen a las clases altas, que sólo deseaban la paz y la prosperidad, o desilucionar a las clases bajas, que sólo querían empleos permanentes y retiro seguro. Además, las intensas rivalidades personales crecieron rápidamente con la divergencia de opiniones políticas.

En desacuerdo sobre cuestiones fundamentales como la reforma económica y la legislación laboral, los Republicanos se vieron obligados a buscar lo que los unió. Lo encontraron en el anticlericalismo, a pesar de que había poca unanimidad genuina sobre lo que constituía una política anticlerical realista o sobre cuán incansablemente debería perseguirse.

Y así, el disgusto anticlerical fue diseñado principalmente como un sustituto significativo de la legislación social. Era "el único tambor revolucionario que los republicanos podían tocar para evocar recuerdos de 1789 y atraer votos sin tener que meter las manos en los bolsillos para pagar las reformas sociales. Al final fue por eso por lo que el clericalismo tenía que ser el enemigo" [McManners, 1966:32].

En una versión secular de la convocatoria de "Lazaro en la Puerta" de

Perraud, Jean Jaurès (1859-1914), el formidable líder socialista, advirtió contra la celebración de las esperanzas populares de libertad, igualdad y secuestro fraternal el estancamiento parlamentario: "han arrancado a la gente de la guía de la Iglesia. Han interrumpido la antigua canción de cuna que arrullaba al ser humano. La miseria se ha despertado. Está llorando, reclamando su lugar a la luz del mundo."

Jean Jaurès en 1904 por Nadar (1820-1910)

Como ejemplo principal de hostigamiento anticlerical, la Asamblea Nacional se lanzó durante casi una década y media a la exención del servicio militar de jóvenes religiosos y seminaristas. La Ley del Ejército de 1872 había hecho obligatorio cinco años de servicio militar. Promulgado en la época de la mayoría monárquica, había eximido a los siguientes: maestros de escuelas públicas; miembros educativos de órdenes, dispuestos a servir en la educación pública o privada durante diez años; y seminaristas que habían tomado órdenes importantes. El 4 de agosto de 1876, Bert introdujo una legislación que reducía el período de servicio a un año destacando todas las exenciones. Sus colegas de la Izquierda exigieron que todos debían servir los cinco años completos. Para evitar tales excesos radicales, el Primer Ministro patrocinó un proyecto de reforma general del Ejército, que la Cámara procedió a derrotar rotundamente.

El 28 de mayo de 1881, la Cámara votó 331 a 126 a favor de una medida que requería un año de servicio militar en tiempo de paz, cinco años en tiempo de guerra, sin aplazamientos en ninguno de los casos. El Senado lo rechazó como equivalente a un ataque a la educación privada ya que los miembros de las órdenes de enseñanza religiosa no estaban exentos.

Hospitalidad Suiza

casa La Salette en La Souste, Suiza

Archier y su Consejo habían estado vigilando estos acontecimientos. Dudaron que se pudiera contar con el Senado para revertir los votos de la Cámara indefinidamente, y acordaron que el momento de proteger a los seminaristas de La Salette al llamado a las filas había llegado [Berthier, 1884:94]:

> "En octubre de 1881, siguiendo el consejo de nuestro obispo, establecimos un grupo de nuestros jóvenes en un tranquilo valle suizo. ... Esta casa es admirablemente apropiada para un estudio serio. Está ubicado en La Souste, cerca de Loèche en el Valais. Está rodeado por todos lados por hermosas montañas. Los residentes son en su mayoría católicos de habla alemana."

Nuevos comienzos volvieron a llamar al heroísmo. Jean Berthier, Director de Escolásticos y docente unipersonal, junto con los trece estudiantes—ocho de los cuales habían hecho sus votos ese año—dividieron su tiempo y esfuerzo entre los cursos de filosofía y teología, el mantenimiento de una mansión destrozada y el cultivo de 59 acres de tierras de cultivo. Fuertes brazos nunca deseados para el trabajo. Los apetitos abundantes no fueron tan afortunados. Sin embargo, rodeados de montañas que les recordaban su hogar, agradecieron la hospitalidad de Suiza.

Los temores de los superiores de La Salette estaban, de hecho, bien fundados. En enero de 1882, durante su mandato de noventa días como Primer Ministro, Gambetta dio su apoyo a un proyecto de ley que imponía tres años de servicio militar sin excepciones. Ese marzo, de Freycinet—en la presidencia del Primer Ministro por segunda vez—pidió las exenciones habituales. La izquierda se unió para derrotar su propuesta.

Ofensiva Financiera

Dispersar las órdenes no autorizadas demostró ser una tarea poco popular e inmanejable de lo que los republicanos habían anticipado. Así que adaptaron nuevas tácticas a su campaña anticlerical. Una ofensiva financiera fue rápidamente ideada. Debido a que su naturaleza corporativa permitió a las órdenes eludir las acusaciones que los ciudadanos ordinarios remitieron al Estado sobre la transferencia de bienes por muerte, en la primavera de 1884 la Asamblea Nacional revivió la Ley de Aumento de Impuesto de 1880, que requería que, a la muerte de un religioso, cada una de las casas del instituto pagara un porcentaje sobre la parte del fallecido en la propiedad mantenida en común.

A principios de junio de 1884, Archier viajó de La Salette a La Souste. Las noticias que trajo de Francia no fueron alentadoras. Berthier, a su vez, compartió sus preocupaciones sobre los estrictos estatutos antirreligiosos del país anfitrión: "La espada de Damocles está sobre nosotros. Las órdenes de Bern podrían expulsar a todas las comunidades religiosas de Suiza." Acontecimientos recientes en Francia han demostrado que las leyes de cartas muertas pueden, de hecho, resucitar en poco tiempo. Ambos hombres dejan de lado sus preocupaciones para saborear la ocasión que los ha reunido. "El 3 de junio de 1884, nuestra Comunidad llevó a cabo su mayor celebración," manifestó entusiasmado el cronista local. "La ordenación de los primeros tres sacerdotes de la Escuela Apostólica de Nuestra Señora de La Salette se celebró ese día. Ocho de nuestros escolásticos fueron ordenados al diaconado y diecisiete recibieron órdenes menores." Entre los nuevos diáconos estaba Pierre Pajot (1860-1928).

Respondiendo en marzo de 1886 al "pilotaje conciliatorio" de León XIII, el presidente Grévy suspendió inesperadamente la Ley del Ejército vigente. Sin intimidarse, la Cámara aprobó un proyecto de exención por tres años al año siguiente. El Senado, ciertamente, votó para restaurar las exenciones. En 1888, una Cámara decidida promulgó un proyecto de ley de exenciones de tres años. El Senado una vez más restableció las exenciones. El estancamiento parecía desesperado. Sin embargo, a medida que avanzaban las elecciones generales, una interpretación realista del estado de ánimo de sus electores presionó a los diputados para que aceptaran los términos del Senado por un margen de 306 a 162 el 8 de julio de 1889.

Decisiones Transcendentales

Los delegados al Capítulo de los Misioneros de La Salette de 1891 se encontraron en La Salette del 1 al 29 de mayo. Un sentido de destino impregnaba su reunión. Tiempos inquietantes y un futuro incierto requerían cabezas tranquilas y manos firmes al timón. Elegidos para un mandato de tres años de liderazgo de la Congregación fueron: Superior General: Auguste Chapuy (1826-1907); Asistentes: Pierre Archier, Jean Berthier y Jean-Claude Villard (1845-1907); Secretario: Célestin Thomas (1846-1900); Tesorero: Joseph Perrin (1836-1913).

El final de la interferencia del gobierno no estaba a la vista. ¿Qué estragos puede estar dispersando la Asamblea Nacional sobre lo que nadie presume predecir? Cuán confiable podría ser un refugio para los escolásticos de Suiza, o incluso de Italia, era una cuestión de conjetura. La mayoría de los capitulares acordaron que el llamamiento a las filas dificultaría el reclutamiento o interrumpiría el proceso de formación, y recomendó que se evitara si era posible.

Por gracia del Senado, el servicio militar para los clérigos en la mayoría de las órdenes se había reducido a un año. Ni los seminaristas más jóvenes ni los Hermanos cualificaron para exenciones. Finalmente establecida, la ley del ejército de 1889 indicaba que "tras completar un año de instrucción, los siguientes están exentos de un nuevo deber militar en tiempos de paz: maestros, comprometidos a la educación pública durante diez años; miembros de órdenes escolares, comprometidos a diez años de servicio en las escuelas coloniales de Indochina o África; seminaristas de las iglesias establecidas, si son ordenados al ministerio antes de la edad de 26 años" [Acomb, 1967:188].

Aunque dejó patente la intención del movimiento proyectado, la histórica Decisión Capitular de 1891 dejó el destino extrañamente sin especificar [Novel, 1968:47]:

> "El Capítulo solicita al Consejo General que asista al establecimiento de una residencia en el extranjero [à l'étranger] con el fin de salvaguardar a nuestros sujetos que son responsables al servicio militar."

Aquí se insinúa tanto una base prospectiva en el Nuevo Mundo como un cierto grado de titubeo. La necesidad de reubicar a los seminaristas de La Salette era real. El número de países europeos apropiados fue limitado. La libertad de religión fue constitucionalmente garantizada en Canadá y los Estados Unidos. La audaz aventura de Noruega una década anterior, había demostrado que la distancia, el aislamiento, las barreras del idioma y la filosofía protestante eran obstáculos superables. Aún así, las preguntas permanecieron. ¿Cuán preparada podría estar una bienvenida para una Congregación clerical, que busca fundar seminarios mayores y menores y participar en el ministerio mayormente para apoyar estas casas de formación, en América del Norte? Sus experiencias en Noruega y Suiza demostraron que estos franceses, al menos, podrían adaptarse a otras culturas europeas, pero Estados Unidos y Europa eran dos mundos diferentes. ¿Qué tan bien viajaría la espiritualidad de La Salette a través del Atlántico? [Jaouen, 1953:132]:

"¿Podrían los niños de orígenes y culturas totalmente diferentes, invitados por sacerdotes extranjeros a seguir a una Virgen Llorosa que ellos mismos honraron en un santuario de vuelta a casa, tomar el espíritu de La Salette?"

La interrupción de sus vidas y planes apostólicos difícilmente representa la medida completa de la angustia que experimentaron los misioneros. Los esfuerzos republicanos para despojar a la Iglesia de su antiguo prestigio y frenar su continua influencia en la sociedad los afectó a un nivel mucho más profundo. Estos hombres nunca dejaron de defender la virtud de la religión como el sello distintivo de la espiritualidad de La Salette. Seguramente ellos se entristecieron al ver el error de la autosuficiencia del ser humano y la exclusión total de Dios como irrelevante para la vida pública obtener la acreditación como dogmas de la modernidad.

p. Sylvain-Marie Giraud, M.S. (1830-1885), segundo Superior General y aclamado Director Espiritual y autor de La Salette

La constante reflexión sobre el misterio de La Salette había sensibilizado a los hombres desde hacía tiempo a las terribles implicaciones de las tendencias contemporáneas. Ellos mismos se habían convertido en presas de las medidas represivas del gobierno. Sin embargo, al mostrar su habitual restricción interpretativa, evitaron la penumbra apocalíptica y muchos se asociaron con las apariciones a favor de una esperanza dada por Dios.

Giraud, el influyente maestro espiritual de La Salette, había diagnosticado consistentemente enfermedades tanto dentro como fuera de creyentes. Poco después de que Víctor Emanuel II de Cerdeña (1820-1878) invadiera los Estados Pontificios, añadió una pieza corta titulada "Nuestra Señora de La Salette y el Mundo" a sus *Ejercicios Espirituales*. Este conciso ensayo, del que se han encontrado rastros en la presente Regla de Vida de los Misioneros de La Salette [*Consti-*

tuciones IV.23.§5], subrayó el doble mal y el doble don de curación que la Aparición saca a la luz [Giraud, 1946:386-388]:

> "I. Hay un mal—y es atroz—que compromete la existencia, la vida de nuestra sociedad moderna. Es el espíritu de la independencia. Aquí entonces está la Reina de cielo y tierra hablándonos acerca de la sumisión. ¿A quién? A Dios. El concepto de que el remedio se encuentra aquí se nos escapa hoy en día.

> "II. Hay un mal—y también es atroz—que compromete la vida moral, la dignidad de la persona humana, y, lo que es más, la salvación eterna de cada uno de nosotros. Es el espíritu de superficialidad, el espíritu de inestabilidad, el espíritu de debilidad.

> "¿No es la aparición de la Santísima Virgen, coronada de honor y gloria, pero sufriendo y derramando lágrimas, la más sublime expresión de la seriedad de la vida y de la indispensable necesidad de arrepentimiento, mortificación y penitencia?"

"¿Podemos dejar de ver que el peligro es extremo?" Giraud exclamó, pero se apresuró a añadir, citando Sabiduría 1:14 de la Vulgata: "Sin embargo, la esperanza se encuentra en algún lugar porque 'las naciones se han hecho curable.'" No es realmente sorprendente que la creciente crisis que enfrentaron en la década de 1890 envió a los misioneros de nuestra Señora de vuelta al ministerio de la palabra hablada y escrita. En su propia variación de San Pablo, "Ay de mí si no predico el Evangelio" (1 Corintios 9:16), ellos decidieron desafiar de nuevo a sus oyentes y lectores a la sincera conversión y lealtad inquebrantable a Cristo.

Es la rara revolución que no traiciona eventualmente los ideales de la propia revolución. En su afán a término lo que consideraban una Revolución Francesa inconclusa, los líderes de la Tercera República borraron la línea entre la sociedad y estado, fusionándolos juntos para crear una "Gran Sociedad" que podría servir como el único agente del cambio deseado. Acusaciones de despotismo contra la República no eran enteramente infundados.

La democracia genuina reconoce una orden de derechos que son antecedentes del estado, que no es la sociedad sino la forma política que la sociedad asume para llevar a cabo sus asuntos públicos. Estos son los derechos de la persona, la familia, las iglesias, de las asociaciones que la gente forma libremente para los fines culturales, económicos, religiosos y sociales. Tales derechos anteriores ya no son más violados por mayorías democráticas de lo que son por monarquías absolutas. La agenda secularizante predeterminada de la Tercera República promovió enérgicamente la libertad de la religión en lugar de la libertad de religión. No tuvo la menor consideración sobre los derechos preexistentes de numerosos ciudadanos para formar libres asociaciones con propósitos religiosos.

Los puntos de vista políticos que los hombres de La Salette pudieron haber tenido en privado, la filosofía de partido que ellos pudieron haber favorecido personalmente, a falta de registros existentes, siguen siendo cuestiones irrelevantes. Sin embargo, su postura colectiva tomó forma con el tiempo, aumentando la intolerancia gubernamental y la creciente convicción de que el Estado estaba abusando de su autoridad.

Como Comunidad, decidieron no solicitar autorización parlamentaria en 1880, para tratar las disposiciones de la Ley de Aumento de Impuesto de 1884 con negligencia benigna y eludir la Ley de Servicio Militar Obligatorio de 1889.

Reflexión

Escritura: 1 Corintios 9:16, 19-23 (Me convertí en todo para todas las personas)

> "Porque si predico el evangelio, no tengo nada de qué gloriarme, pues estoy bajo el deber de hacerlo; pues ¡ay de mí si no predico el evangelio! ...Porque aunque soy libre de todos, de todos me he hecho esclavo para ganar un mayor número. A los judíos me hice como judío, para ganar a los judíos; a los que están bajo la ley, como

bajo la ley (aunque no estoy bajo la ley) para ganar a los que están bajo la ley; a los que están sin ley, como sin ley (aunque no estoy sin la ley de Dios, sino bajo la ley de Cristo) para ganar a los que están sin ley. A los débiles me hice débil, para ganar a los débiles; a todos me he hecho todo, para que por todos los medios salve a algunos. Y todo lo hago por amor del evangelio, para ser partícipe de él."

Preguntas para relexionar:

Los Misioneros de La Salette hicieron sacrificios para seguir su llamado a predicar las buenas nuevas que María compartió con los dos niños en La Salette.

- ¿Qué sacrificios especiales ha hecho usted (o alguien que conoce) para seguir el llamado de Dios en la vida?

- ¿Quién es la persona a quien admira por su apertura a las necesidades de los demás?

Oración:

María, Madre de los necesitados, tu delicada sensibilidad hacia los dos niños pequeños que estaban de pie ante ti fue muy conmovedora. Notaste sus dificultades para comprender y, por lo tanto, respondiste rápidamente para tranquilizarlos. Quieres que entendamos las buenas noticias que has traído para que las escuchemos.

Guíanos en este viaje de la vida para que podamos seguir más de cerca los caminos y el mensaje de tu Hijo. A través de tu ejemplo, haznos mejores reflejos de Jesús, nuestro Salvador y Hermano.

Te lo pedimos por tu intercesión amorosa y por la gracia de tu Hijo que vive con el Padre y el Espíritu Santo, un solo Dios, por los siglos de los siglos. Amén.

Jaculatoria:

Nuestra Señora de la Salette, Reconciliadora de los pecadores, ruega siempre por nosotros que recurrimos a ti.

Capítulo Tres—Un Nuevo Mundo Acogedor

El Aire de la República

John Ireland (1838-1918), primer arzobispo de St. Paul, Minnesota y líder religioso y cívico

El Cuarto Centenario del Viaje de Colón a América distrajo a muchos europeos cansados de sus propios problemas y luchas al atraer su atención hacia el Nuevo Mundo. El clero y los laicos franceses con mentalidad más liberal estaban bastante fascinados por la Iglesia en los Estados Unidos. Este interés fue estimulado por la visita a Francia en 1892 de John Ireland (1838-1918), arzobispo de St. Paul, Minnesota. Vestido con una sencilla sotana negra y hablando con fluidez el francés, se dirigió a un distinguido público en el Salón de la Sociedad Geográfica en París el 18 de junio [Phillips, 1967:246]:

"La iglesia en América es la iglesia del pueblo. Nuestros sacerdotes, nuestros obispos, ... viven entre la gente que los reconocen como sus protectores y amigos. Dedicamos mucho tiempo al santuario y a la sacristía, pero también damos mucho a la vida pública. Al pueblo estadounidense le gusta ver al clero ocupándose de todos los intereses del país. Sienten que son necesariamente una fuerza social. Nuestros corazones laten siempre por la República de los Estados Unidos. En el pasado se decía que la Iglesia Católica no podía reconciliarse con la República y que el aire libre de la República sería fatal para ella. La Iglesia Católica ha respirado el aire de la República y prospera muy bien."

¿Qué había en el aire de la República en 1892?

Inmigrantes llegando a la Isla Ellis en el Puerto de Nueva York en 1915

El 1 de enero, la Isla Ellis se convirtió en una estación receptora para inmigrantes. La Convención Nacional Republicana (del 7 al 11 de junio) nominó al presidente Benjamin Harrison (1833-1901) para su reelección. La Convención Nacional Demócrata (21-23 de junio) nominó a Grover Cleveland (1837-1908) para la presidencia. Las tensas relaciones de capital y trabajo estallaron en violencia en julio. Cuando expiró un contrato entre la Asociación Amalgamada de los Trabajadores de Hierro y Acero y la Compañía de Acero Carnegie, la empresa recortó los salarios y se negó a reconocer la unión. Una batalla campal se produjo entre los 300 guardias de Pinkerton que la compañía había contratado para proteger su planta cerca de Pittsburgh, Pennsylvania, y los trabajadores del acero. Tres de los guardias y diez de los huelguistas fueron asesinados.

El 4 de agosto, cuando su padre Andrew y su madrastra Abby fueron encontrados asesinados a golpes con un hacha en su hogar en Fall River, Massachussetts, la sospecha recayó sobre Lisbeth Borden (1860-1927). El 7 de septiembre, James "Caballero Jim" Corbett (1866-1933) ganó el primer campeonato mundial de boxeo de peso pesado al noquear a John L. Sullivan (1858-1918) en la vigésima primera ronda.

La Exposición Universal de 1893 se inauguró en Chicago el 20 de octubre. Con un costo de $22,000,000, se prepararon 150 acres de predios feriales para esta extravagancia. El 8 de noviembre, Grover Cleveland fue elegido presidente de los Estados Unidos: 5,554,414 votos populares a 5,190,802 para Harrison. La huelga de la Companía de Acero de Carnegie terminó el 20 de noviembre. La unión fue destruida; pocos de los trabajadores recobraron sus trabajos. El día de San Juan, el 27 de diciembre, se colocó la piedra angular de lo que se pretendía que fuera la iglesia más grande de América, la Catedral Episcopal de San Juan el Divino.

Mirando al Oeste en la Corte de Honor y la Gran Cuenca de 1893 Exposición Colombina del Mundo en Chicago, Illinois

La Primera Iglesia de Cristo Científico fue fundada en Boston por Mary Baker Eddy (1820-1910). La primera casa diseñada por Frank Lloyd Wright (1867-1959) fue construida en la Ciudad del Viento. George Ferris (1859-1896) diseñó la primera noria. Con 250 pies de altura, transportaba a cuarenta pasajeros en sus treinta y seis carros y cautivaba a los visitantes de la Exposición Universal de Chicago.

Entre los libros más vendidos de 1892 se encontraban: la edición final de *Hojas de Hiervas* de Walt Whitman (1819-1892); *La Cualidad de la Misericordia*, una novela de William Dean Howells (1837-1920) que investigó la relación entre el orden económico y el crimen personal; *La historia de David Grieve* por Mary Augusta Ward (1851-1920), una novela que promueve la aplicación social del cristianismo. "*Después de que el baile ha terminado*" de Charles K. Harris (1865-1930) fue la exitosa canción.

Nacida de las oleadas de expansión y prosperidad, la nación se deleitó con euforia al final del siglo. Describiendo esta era de auge en términos de entusiasmo y crisis, los analistas reconocieron que se justificaba una buena medida de optimismo, pero apuntaban a una parte inferior con problemas. Mark Twain (1835-1910) apodó la década de 1890 La Edad Dorada: "Brillo en la superficie, pero miseria debajo." Los saltos y los límites del crecimiento industrial prodigioso exigieron un alto costo de la miseria humana. Las semanas de trabajo de siete días, los días de trabajo de diez horas y las condiciones de trabajo deficientes no eran infrecuentes. La relación entre el trabajo y la administración se había tornado tormentosa. La historia de las ciudades prósperas era la saga del trabajo de inmigrantes no calificados y mal pagados; la historia muy familiar de la explotación humana.

En un proceso de transformación recíproca masivo y sin precedentes, Estados Unidos se estaba convirtiendo en la tierra de los inmigrantes y los inmigrantes se estaban convirtiendo en América [McManners, 1966:391]:

> "A fines del siglo XIX, un millón de europeos aterrizaban en las costas de los Estados Unidos de América cada año, y las primeras oleadas de la gran inmigración se multiplicaban en su nuevo país de modo que aquí, en potencialidad, era la más poderosa nación en el mundo. Esta gran inmigración anónima no había arrojado héroes y sus registros carecen de incidentes dramáticos, pero sus efectos serán recordados mucho después de que los logros de incluso los grandes jefes de estado del siglo XIX sean olvidados."

La Iglesia y la Epoca

La Iglesia compartió plenamente el optimismo prevaleciente, sin dudar que podría prosperar en los Estados Unidos, y acariciando sueños brillantes de éxito apostólico aquí. Entre 1880 y 1900 la población católica se duplicó, pasando de seis a doce millones, un porcentaje significativo de la población total, que según las cifras del censo de 1890 era de 62, 947,714. Nuevas diócesis fueron fundadas casi todos los años. Iglesias y rectorías, escuelas y conventos, hogares para ancianos, hospitales y orfanatos—sus costos de construcción sufragados a fuerza de sacrificios heroicos—no podían construirse lo suficientemente rápido. Por necesidad, el ladrillo y el mortero encabezaron la creciente agenda de la Iglesia. Una transformación impresionante estaba teniendo lugar de nuevo [Hennesey, 1981:5]:

> "El catolicismo en el período inmigratorio fue cada vez más influenciado por las necesidades de los recién llegados, quienes de hecho eran tan numerosos que en un sentido real se convirtieron en la Iglesia Católica Americana."

Tercer Consejo Plenario de Baltimore el 7 de diciembre de 1884

Lo que la Iglesia Católica en los Estados Unidos más deseaba era la plena aceptación como un participante de confianza en la vida del país. La lealtad básica de los ciudadanos católicos sigue siendo atacada con demasiada frecuencia. Una población católica que aumenta a una tasa considerablemente más alta que la población en general sólo podría alimentar los temores de la interferencia del Vaticano en los asuntos estadounidenses. Las lenguas maternas que hablaban, las costumbres del Viejo Mundo que conservaban, dió a la Iglesia de los inmigrantes el aspecto de una institución extranjera. Sus raíces europeas, muchos sospechaban, mantendrían a los últimos que llegaran subordinados al papado. En la Carta Pastoral que emitieron al concluir el Tercer Concilio Plenario de Baltimore el 7 de diciembre de 1884, los Obispos de los Estados Unidos habían acreditado a los estadounidenses con buen sentido y equidad en el asunto de la lealtad católica [Guilday, 1923:234-235]:

> "... escritores y oradores que conocen la Iglesia sólo por las caricaturas trazadas por el prejuicio, en ocasiones han reelaborado la acusación de que la lealtad del ciudadano católico es exclusivamente del Papa; pero a pesar de las excitaciones locales y temporales, el buen sentido del pueblo americano siempre ha prevalecido contra la calumnia.
>
> "Creemos que podemos afirmar que estamos familiarizados tanto con las leyes, instituciones y el espíritu de la Iglesia Católica, con las leyes, instituciones y el espíritu de nuestro país, y declaramos enfáticamente que no existe antagonismo entre ellos.
>
> "Repudiamos con la misma seriedad la afirmación de que debemos dejar de lado nuestra devoción a nuestra Iglesia por ser verdaderos americanos; la insinuación de que necesitamos disminuir nuestro amor por los principios e instituciones de nuestro país para ser fieles católicos."

Con el agudo sentido del conocimiento histórico y en un lenguaje que anticipaba el del Concilio Vaticano II, varios prominentes obispos americanos prefirieron el diálogo como un medio para reducir la brecha entre la fe y la ciencia, la religión y la libertad, la Iglesia y el mundo moderno. Para estos hombres, la encíclica transcedental de León XIII, *Rerum Novarum*, del 15 de mayo de 1891, hizo un fuerte llamado a la apertura, adaptación y acción en un mundo cambiado y cambiante. La interpretación marcadamente positiva que atribuyeron a estas "cosas nuevas" reflejaba un ambiente de oportunidad y optimismo en el que ministraban.

Apodado "la Ventisca del Medio Oeste" por sus compañeros obispos, Ireland desafió a la Iglesia estadounidense en el sermón que predicó el 18 de octubre de 1893, para el jubileo de plata de la ordenación episcopal de James Gibbons (1834-1921), Cardenal Arzobispo de Baltimore [Ireland, 1897:90]:

> "La Iglesia y la época están en guerra. Yo culpo a la época. Eufórico con sus éxitos materiales e intelectuales, es orgullosa y exagera sus poderes. En su adoración a lo nuevo, considera lo que sea viejo con sospecha. Yo culpo a la Iglesia. No tengo miedo de decir que, durante el siglo cuyo sol se está poniendo ahora, muchos líderes de pensamiento en la Iglesia han cometido el error de ser demasiado lentos para entender la nueva época y demasiado lentos para extenderle la mano conciliadora de la amistad. León tiene el coraje de su alta misión. Papa como es, tiene oponentes dentro de la Iglesia, personas cuyos nervios enfermizos sufren de las vibraciones de la nave moviéndose bajo su mano con velocidad acelerada; los intransigentes que piensan que toda la sabiduría y toda la guía providencial de la Iglesia están en el pasado. Toda mi observación de los tiempos, y en particular de este memorable año colombiano, me convence de que la Iglesia tiene ahora su tiempo de gracia en América, y a menudo me hago la ansiosa pregunta: ¿Se beneficiará con ello?"

Los obispos de Estados Unidos tenían mucho que hacer mendigando por las parroquias en apuros, supervisando sus ambiciosos proyectos de construcción, asegurando un sistema escolar parroquial de buena reputación, y vigilando—y, cuando era posible, participando—en la política local en la medida en que el bienestar de su rebaño y los intereses de la Iglesia podrían verse afectados. Habían acogido con gratitud el *Rerum Novarum* de León XIII y habían denunciado rotundamente el trato injusto de trabajadores. En su mayor parte, sin embargo, sólo estaban levemente interesados en un reordenamiento especulativo de la sociedad o programas de acción social patrocinados por la Iglesia. Reconocieron que la violencia, la pobreza, malestar laboral, las huelgas y los disturbios representaban problemas importantes; pero los consideraban parte del ámbito del Estado y buscaban soluciones legislativas.

La mayoría de los miembros de la jerarquía creían que la Iglesia en este país había superado inmensos obstáculos para convertirse en la manifestación más vigorosa del catolicismo en el mundo. Se adhirieron al principio de separación de Iglesia y Estado. Muchos pensaron que la política de los Estados Unidos era la más noble jamás concebida, y que finalmente debería ser ampliamente adoptada.

Como ellos muy bien sabían, la Curia romana no compartía su exuberancia. Su devoción a la Constitución, por lo tanto, buscó el más alto respaldo, el de León XIII. A veces, su retórica le dio al Papa sentimientos que él mismo nunca expresó, indudablemente porque eran ajenos a su pensamiento.

John Joseph Keane, quien se desempeñó como obispo de Richmond, VA; primer rector de la Universidad Católica de América en Washington, DC

El poderoso orador, John Keane (1839-1918), obispo de Richmond, Virginia, desde 1878 hasta 1888, luego primer Rector de la Universidad Católica de América, caracterizó este enfoque en una conferencia que dio sobre la Encíclica *Rerum Novarum* [Greeley, 1967:160]:

> "León XIII ha establecido la ley, la única ley para que los trabajadores puedan tener una recompensa justa por su trabajo. Él ha dicho que los gobiernos deben protegerlos en sus derechos. ... El simplemente ha establecido las únicas leyes de la democracia de la época. ... Su amor ilimitado por Estados Unidos surge del hecho de que ve aquí el avance más lejano en la esfera legítima de la democracia. Ve aquí una República que es al mismo tiempo un reproche a los despotismos del

pasado y una protesta al Republicanismo Rojo de Francia. Ve aquí que la Iglesia y el Estado ocupan las mejores posiciones que en las circunstancias actuales podrían esperarse."

Reflexión

Escritura: Filipenses 3: 7-8, 14, 20 (Nuestro verdadero hogar)

"Pero todo lo que para mí era ganancia, lo he estimado como pérdida por amor de Cristo. Y aún más, yo estimo como pérdida todas las coass en vista del incomparable valor de conocer a Cristo Jesús, mi Señor, por quien lo he perdido todo y lo considero como basura a fin de ganar a Cristo, ...prosigo hacia la meta para obtener el premio del supremo llamamiento de Dios en Cristo Jesus. ...Porque nuestra ciudadanía está en los cielos, de donde también ansiosamente esperamos a un Salvador, el Señor Jesucristo..."

Preguntas para reflexionar:

Los Misioneros de La Salette inicialmente se contentaron con quedarse en su tierra francesa y difundir el mensaje de María. Sin embargo, estaban abiertos a explorar las implicaciones adicionales de lo que María dijo en sus palabras finales: "Dénlo a conocer a todo mi pueblo."

- ¿Esto debe haber probado su confianza en su mensaje? ¿Qué cualidades personales se necesitan para mudarse permanentemente a otra tierra?

- ¿Quién en tu familia ha emigrado a otro país? ¿Cuáles fueron algunos desafíos y dones que experimentaron?

Oración:

María, madre de las personas sin hogar y extranjeras, San Pablo nos ha recordado que esta tierra nuestra que llamamos hogar no es nuestra verdadera patria. Pertenecemos a Cristo, el Resucitado y nuestro verdadero hogar es donde El está, en el cielo.

Ayúdanos a convertirnos en miembros activos de la comunidad local de la Iglesia, aceptando y sirviendo a los demás, escuchándolos y animándolos como nos has mostrado durante su aparición en La Salette. Que siempre atesoremos tus palabras como ejemplo, hasta que Jesús venga nuevamente.

Te lo pedimos por tu intercesión amorosa y por la gracia de tu Hijo que vive con el Padre y el Espíritu Santo, un solo Dios, por los siglos de los siglos. Amén.

Jaculatoria:

Nuestra Señora de la Salette, Reconciliadora de los pecadores, ruega siempre por nosotros que recurrimos a ti.

Capítulo Cuatro—Una Misión De Reconocimiento

Emisarios de María

Leuken—en francés, Loèche-Ville—es un municipio en el distrito de Leuk en el cantón de Valais en Suiza

A principios de 1892, Chapuy y sus consejales revisaron cuidadosamente la información que habían reunido sobre posibles sitios de asentamiento fuera de Francia. Brevemente entretuvieron una vaga propuesta que pedía una fundación en Palestina y consideraron seriamente establecer un punto de apoyo en Inglaterra. Debido a que el Escolásticado de Loèche y la Escuela Apostólica estaban prosperando, también se preguntaban si no sería aconsejable permanecer en Suiza y esperar lo mejor.

Para la primavera, el Consejo General había llegado a la conclusión de que una misión de reconocimiento a la provincia de Québec y a varias diócesis en los estados de New York y New Jersey indudablemente sería el camino más acertado. Pierre Pajot, el Superior del Santuario de Notre-Dame de l'Hermitage, de treinta y un años, y experto en solución de problemas, fue delegado para acercarse a los ordinarios locales en nombre del Concilio General, familiarizándolos con la naturaleza de la solicitud de la Congregación, y negociar los términos iniciales del acuerdo, si se extendiese una invitación.

Credenciales y cartas de presentación fueron preparadas. Se hicieron arreglos para que Pajot y su compañero de viaje transatlántico, Jean Ramel (1852-1918), Superior de la Residencia en Rue Chanrion, permanecieran con los redentoristas en la ciudad de Québec y con los Sulpicianos en Montréal. Acercándose la fecha de partida, Ramel se enfermó. Joseph Vignon fue puesto en servicio en muy poco tiempo. Más tarde en años posteriores, Pajot agradecido decía: "Para todos los propósitos prácticos, el buen Padre Vignon, un viajero veterano por haber servido diez años como un misionero en Noruega, fue el líder de la expedición."

Los emisarios elegidos por Nuestra Señora se despidieron de ella y partieron de su montaña ese 8 de junio. Arrodillados en el lugar donde ella había llorado pusieron bajo su protección materna la

(desde la izquierda) Padres Pierre Pajot (arriba) y Joseph Vignon (abajo), los dos primeros sacerdotes de La Salette en establecer una misión en América del Norte

misión que estaban emprendiendo.

Capitolio del estado de Connecticut y Bushnell Park, Hartford, Connecticut, 1889; editor: Hartford, CT, Cámara de Comercio

Viajaron por etapas: en tren a Antwerp, Bélgica; por vapor a Southampton, Inglaterra; en tren a Liverpool, donde el 18 de junio abordaron el *SS Labrador* de las Lineas Dominion, con destino a Montréal.

Nacido en Massieu (Isère) el 10 de agosto de 1860, Pajot ingresó a la nueva Escuela Apostólica en Corps el día antes de cumplir dieciséis años. Dotado de una buena mente, él sobresalió en sus estudios. Después de su noviciado bajo Perrin, hizo sus primeros votos en La Salette el 21 de noviembre de 1879. Luego se desempeñó como prefecto aprendiz en la Escuela Apostólica en Rue Chanrion en Grenoble.

A mediados de octubre de 1881, formó parte del éxodo de escolásticos a Loèche. Ordenado al sacerdocio allí el 20 de diciembre de 1884, asumió los deberes de prefecto en la Escuela Apostólica Suiza. Fue asignado a la montaña santa como asistente de Perrin, a quien sucedió como maestro de novicios el 6 de julio de 1890. En enero del año siguiente, fue nombrado Superior de la Residencia Vienne; en el verano de 1891, Superior del Santuario Comunitario en Noirétable.

Durante su mandato como Superior General (1913-1926), se le reprendió de buena fe por su afición a los Estados Unidos y a los estadounidenses: "Incluso cuando está inundado de correspondencia, Muy Reverendo Padre, si llega una carta de Estados Unidos, no sólo la lees con entusiasmo, sino que la respondes al instante." "Recibo mucha correspondencia de allá," él contestaba. "Deben decirse a sí mismos: 'Él sabe cómo es. Él entenderá.'"

Nacido en Saint-Pierre de Mésage (Isère) el 6 de abril de 1861, Vignon se matriculó en la Escuela Apostólica de Corps en 1877. Hizo su primera profesión en la montaña de La Salette el 21 de noviembre de 1879. A los diecinueve años, estaba entre los primeros grupos que partió para Noruega durante el verano de 1880.

Ordenado sacerdote en Trondheim el 2 de agosto de 1885, ministró en esa ciudad durante cinco años. En 1890, fue asignado a Christiania, como se llamaba entonces Oslo, donde sirvió con amorosa dedicación hasta que los Misioneros de Nuestra Señora de La Salette se retiraron de Noruega dos años más tarde.

"De Padre Vignon hay que decir que dejó su corazón en América," anotaría su orador en septiembre de 1912. "Los lazos emocionales lo mantuvieron unido a esa tierra y lo convirtieron en un optimista-obstinado. Su afecto por los Estados Unidos le hizo pensar que todo era maravilloso, y cuando hablaba de ello, lo que ocurría a menudo, la convicción, calidez y entusiasmo que emanaba no tenían fin. Al final de sus días, mantenía en secreto el deseo de volver allí." 'Si me permitieran regresar,' confió una vez a un compañero, 'me gustaría mucho ir gateando de rodillas al muelle, si lo tuviera que hacer.'"

El *SS Labrador* atracó en Québec el 2 de julio. En cuestión de días, Pajot y Vignon habían concluido una ronda de visitas vertiginosas a varias diócesis en la provincia de Québec. En la mayoría de los casos estas diócesis habían recibido un número récord de comunidades religiosas, y los obispos sentían que las necesidades espirituales de su rebaño ya se estaban cumpliendo de forma adecuada. Las entrevistas fueron cordiales, pero no productivas.

Pasada esa fase decepcionante de su misión y la ventaja acordada de un lenguaje común, los legados de forma aprensiva cruzaron la frontera a Estados Unidos el 6 de julio. Viajaron por el estado de New York, visitando a los obispos Henry Gabriels (1838-1921) de Ogdensburg, Patrick Ludden (1836-1912) de Syracuse, Francis McNeirny (1828-1894) de Albany, al arzobispo Michael Corrigan (1839-1902) de New York, los obispos Charles McDonnell (1854-1921) de Brooklyn y Winand Wigger (1841-1901) de Newark, New Jersey.

(Dadas las conexiones ferroviarias, el número de ciudades y obispos que los hombres oficialmente informaron haber visitado en el espacio de unos pocos días, con o sin citas, sugiere que su itinerario ha sido considerablemente comprimido en el recuento.)

Sólo en Ogdensburg se presentó una oferta tangible. Juzgando sus términos inadecuados para la intención primaria de la migración al Nuevo Mundo, los delegados se negaron de forma renuente a continuar con ella. Lo que ellos solicitaban era permiso para establecer el seminario menor, el noviciado y los niveles de formación del seminario mayor en una diócesis, junto con la responsabilidad pastoral de una parroquia lo suficientemente grande—y afluyente—para apoyar la empresa. Algo irrazonable y difícil. La propuesta de Gabriels de que los misioneros de La Salette se hicieran cargo de la remota parroquia de San Miguel de unas 200 almas en Antwerp, cerca de Watertown, New York, no alcanzó el objetivo deseado.

Se les había escuchado con simpatía en todas partes, pero el riesgo de una misión fracasada no seguía creciendo. Los fondos y los ánimos se estaban agotando. Se requirió una determinación firme, acentuada sin duda por las claras instrucciones del Consejo General, de rechazar la proporción de Ogdensburg. Pajot y Vignon apenas sabían qué rumbo tomar. En su frustración pensaron que sería mejor regresar a Canadá y hacer otro intento allí. Presentar su solicitud en francés sería ciertamente menos extenuante y, especialmente, menos arriesgado. Sería también necesario adoptar un método más insistente.

Una parada en Hartford llevaría a estos extraños, cansados de los viajes, a una oferta de alojamiento permanente en los Estados Unidos, algo que iba mucho más allá de lo que jamás se hubiesen imaginado.

Ciudad de Destino

Lo que sigue ha sido narrado una y otra vez, como corresponde al relato de un fundador evento. Se ha contado y vuelto a contar con el telescopio de eventos, las discrepancias en secuencias, las variaciones en detalles, y las diferencias en la interpretación que inevitablemente encubren tales encuentros con la Providencia bajo el pretexto de la casualidad. Pero entonces, nuestro conocimiento humano rara vez trata directamente con hechos simples y sin adornos. Se relaciona con la realidad vivida y percibida por personas particulares en un tiempo y lugar en particular. Y se trata de una realidad que ya ha sido interpretada por una tradición y apropiada por una comunidad.

¿Fue la vaticinadora parada en Hartford, el viernes 9 de julio de 1892, planificada o no? ¿Intentaron o no, Pajot y Vignon, presionar pidiendo una audiencia con el Ordinario de Hartford antes de regresar a Canadá? ¿Fue el Padre William Harty un cómplice o jugó un rol esencial en obtener la admisión a la Diócesis de Hartford? ¿La entrevista con el Obispo tuvo lugar ese mismo día o al día siguiente?

p. William Harty

¿Cuán rápido le dio el Obispo una respuesta a Pajot y Vignon? ¿Asoció el Obispo McMahon a estos Misioneros de Francia con el joven Abbé Sylvain-Marie Giraud, un compañero ex alumno del Seminario diocesano en Aix-en-Provence? ¿O, al enterarse ellos de que hablaba muy bien el francés, porque había estudiado teología en el Seminario Mayor de Aix, le preguntaron si conocía a su viejo colega? (De hecho, McMahon era cinco años menor que Girarud, y llevaba siete años menos que él en el sacerdocio. Giraud comenzó sus estudios teológicos en Aix en octubre de 1849 [Jaouen, 1985:51] y fue ordenado sacerdote el 17 de diciembre de 1853. McMahon fue transferido a Aix desde el Seminario de Propaganda de Roma en el otoño de 1856 [O'Donnell, 1900:167]. Los dos hombres estudiaron teología en el mismo seminario, pero definitivamente no lo hicieron al mismo tiempo. Dada la reputación de santidad de Giraud, McMahon, sin duda, sabía de él.)

Es cierto que el camino había sido preparado de una forma inesperada y maravillosa. Pajot y Vignon se encontraron con el Obispo

McMahon, ¡el resto es historia!

Lawrence Stephen McMahon (1835-1893), el quinto obispo de Hartford, Connecticut

En esencia, esta convincente historia encarna el recuerdo de una experiencia transformadora. Describe la relación profunda con el misterio en el que todos nos encontramos. Evoca esa dimensión de nuestra vida comunal en la que somos aquel que responde y no el que inicia, ese ambiente de gracia en el que ambos nos movemos y somos movidos.

Mientras se dirigían desde el Hotel Hublein a la Catedral para celebrar la Misa el día de fiesta de Nuestra Señora, Pierre Pajot y Joseph Vignon, podemos estar seguros, imploraron a Nuestra Señora de los Prodigios que dirigiera sus pasos y bendijera su misión con el éxito. Con sus gemelas torres cuadradas asomándose como un bastión de fe sobre el horizonte de la capital de Connecticut, la Catedral de San José había sido consagrada sólo dos meses antes, el 8 de mayo, el decimotercer aniversario del nombramiento de Lawrence McMahon (1835-1893) como el quinto Obispo de Harford.

Educado en las escuelas públicas de Boston, donde sus padres se habían establecido en St. John, New Brunswick, cuando tenía cuatro meses, McMahon serviría en esa ciudad durante dos años como coadjutor en la Catedral de la Santa Cruz después de su ordenación al sacerdocio en 1860. En respuesta al llamamiento urgente de oficiales y hombres, McMahon fue comisionado como capellán militar por el gobernador John Andrew (1818-1867), uniéndose al Regimiento 28 de Massachussetts. Ministró casi sin ayuda a los soldados mientras participaban en las sangrientas batallas de La Segunda Batalla de Bull Run, Antietam, y Fredericksburg durante la Guerra Civil de los Estados Unidos de America. Los días sin comida y descanso terminaron afectándole. En un hospital de campaña, el joven y exhausto sacerdote se debatía críticamente entre la vida y la muerte. Había hecho todo lo que la valentía y la devoción pueden inspirar, ganando el elogio que San Pablo otorga a los trabajadores incansables por Cristo (Filipenses 2:30).

Al final de la guerra en 1865, un McMahon completamente recuperado asumió voluntariamente el pastorado misionero de Bridgewater, East Bridgewater, Middleboro, Dartmouth, New Bedford, Martha's Vineyard y Nantucket, Massachusetts, una porción considerable de la presente Diócesis de Fall River, entonces parte de la Arquidiócesis de Boston. Como pastor fundador de San Lorenzo, New Bedford, se llenó de alegría al ver la magnífica iglesia de granito que había erigido—a un costo de $150,000—dedicada el 10 de agosto de 1871, fiesta patronal de ambos, de la parroquia y del pastor. Cuando la Diócesis de Providence, Rhode Island, se estableció en 1872, McMahon fue nombrado su primer Vicario General, al mismo tiempo que ejercía sus deberes pastorales en New Bedford: "Debido a la delicada salud y la indisposición frecuente del obispo de Providence [Thomas Hendricken (1827-1886)], una gran parte de los asuntos de administración de la diócesis recayó sobre el Dr. McMahon" [Duggan, 1930:170].

Altamente cualificado, McMahon fue promovido a la Sede de Hartford en 1879. Recibió la consagración episcopal de John Williams (1822-1907), arzobispo de Boston, en la cripta (como se llamaban correctamente a los sótanos de las iglesias inconclusas) de la Catedral de San José el 10 de agosto, el día de su santo. Los catorce años del obispo McMahon a la cabeza de la Diócesis de Hartford coincidieron con un período de expansión y crecimiento en la Iglesia inmigrante de los Estados Unidos; fundó 48 parroquias, dedicó 70 nuevas iglesias y abrió 16 escuelas y conventos. Su nombre estaba destinado a ocupar un lugar de honor en los archivos estadounidenses de los Misioneros de Nuestra Señora de La Salette.

Presuntuosamente, quizá, ocupa un lugar destacado entre los logros duraderos de este obispo hospitalario, la decisión visionaria y positiva que tomó a su favor durante el verano de 1892.

Después de haber ofrecido Misa, el Rector de la Catedral, William Harty (1845-1902), invitó a Pajot y Vignon a la rectoría. La conversación cambió, naturalmente, de una discusión general de la política agresivamente anticlerical de su Francia natal a los detalles de su situación y el objeto específico de su búsqueda. La descripción de la proyectada fundación ofrecida por sus huéspedes, expresada en lujo de detalles y con gran entusiasmo, tocó una cuerda sensible en el corazón de este con corazón de pastor.

Harty los alentó a presentar su solicitud al Obispo, prometió su propio apoyo como miembro de la junta de consejeros episcopales, y recomendó que llamaran a otros cofundadores diocesanos, notablemente John Van den Noort, pastor de Santa María en Putnam, y Florimund De Bruycker (1832-1903), pastor de San José en Willimantic, para recalcarles la necesidad de incluir una parroquia en los planes para el propuesto projecto. No está claro si estos dos clérigos fueron elegidos porque Harty creía que apoyarían especialmente el proyecto o porque eran europeos de habla francesa.

Interior del Santuario de Santa Ana de Beaupré
en Quebec en 1900; Editorial: Canadian Pacific Co.

Familiarizado con la Aparición en La Salette y profundamente consagrado a María como la Madre Dolorosa, Harty visualizó un gran potencial de largo plazo para propagar la devoción a Nuestra Señora de los Dolores a través de los esfuerzos de sus Misioneros. A corto plazo, vio muy buenas posibilidades para la Capilla de Nuestra Señora de los Dolores, construida en 1887 para servir las necesidades espirituales de unas cincuenta familias en la sección Parkville de la ciudad. Él y sus asistentes "habían estado atendiéndoles desde la Catedral," pero Harty se dio cuenta de que su grupo de católicos pronto se convertiría en una parroquia completamente comprometida. Un jubiloso Rector de la Catedral arregló para que Pajot y Vignon se reunieran con el Obispo. Resolvieron tratar de obtener de él lo que no habían podido obtener en otra parte.

McMahon les extendió a sus visitantes europeos una amable bienvenida. Impresionados por su genuina bondad, presentaron con confianza su petición. No rechazó su pedido, pero indicó que necesitaría tiempo para reflexionar. En cualquier caso, admitir una congregación religiosa en la diócesis requeriría el consentimiento de los consultores episcopales y confiar una parroquia a su cuidado y la aprobación de la Congregación de *Propaganda Fide*. "En varias ocasiones, McMahon invitó a los Padres a compartir su mesa, y aunque mostró un vivo interés en su proyecto, los mantuvo muy en suspenso" [Misioneros de La Salette, 1893:28].

Con ánimos algo más altos y sus pasos algo más ligeros, Pajot y Vignon abordaron un tren de New Haven y Hartford para Québec. Desde allí fueron, como peregrinos esperanzados pero suplicantes, al Santuario de Sainte-Anne-de-Beaupré. Afortunadamente después de su regreso a Montréal, un mensaje del Consejo General en Grenoble los puso en movimiento una vez más. Debían inspeccionar personalmente 258 acres de tierra, a seis millas al noreste de Weatherford, Texas, 25 millas al oeste de Fort Worth, donados por la señorita Louise Zoé Delort, una devota parisina de Nuestra Señora de La Salette, como posible lugar para la fundación.

A estas alturas, el gemido del silbato, el chasquido de las ruedas y el tambaleo de los vagones se había convertido en acompañamiento rutinario de las reflexiones de aquellos hombres. Un viaje en tren de quince días, ida y vuelta los llevó desde Montréal hasta el estado de la Estrella Solitaria y de vuelta a Montréal. Situado en una zona rural aislada a cierta distancia de la ciudad y de la estación de ferrocarril, Weatherford—aparte de sus abundantes aves de corral y sandías— poco tenía que ofrecer. "La población completamente protestante" ofrecía pocas promesas de reclutas o beneficios. Los aproximadamente cien católicos que esperaban que estos misioneros pudieran establecerse allí quedaron prediciblemente asombrados cuando los delegados juzgaron que este terreno no se adaptaba a las necesidades actuales de la Congregación. La aspirante a benefactora expresó su disgusto en una carta al padre Chapuy, el Superior General, señalando que él personalmente habría hecho un mejor trabajo de reconocimiento que Pierre Pajot, su joven teniente inexperto. Por último, los reprendió a todos por su falta de audacia: "*¡Qu'on se souvienne de Chistophe Colomb!*" *[¡Recuerda a Cristóbal Colón!"].*

Se reunieron en Dallas con Joseph Martinière (1841-1910), el Vicario General, quien escuchó atentamente su historia. Realmente él deseaba que la recién creada diócesis estuviese en posición de proponer un acuerdo mutuamente ventajoso, le dijo a Pajot y Vignon, pero eso no era posible en ese momento.

A principios de agosto regresaron a Montréal, donde esperaban encontrar un mensaje del Obispo McMahon. Ni una palabra. Descorazonados, decidieron regresar a Hartford y preguntar personalmente sobre el asunto.

Misión Cumplida

Cuando llegaron allí el 11 de agosto, McMahon disipó todos sus temores. De hecho, les había escrito una cantidad de veces, les aseguró; sus cartas obviamente se habían extraviado. Sabiendo por experiencia que la noche siempre parece más oscura justo antes del amanecer, se deleitó en informarles que había tomado en serio su proyecto y había llegado a una decisión favorable. La Junta de Consultores se reuniría ese mismo día para considerar la admisión de los Misioneros de

Nuestra Señora de La Salette en la Diócesis de Hartford.

Los jubilosos enviados aprendieron al día siguiente que los Consejales del Obispo habían dado su respaldo unánime a la propuesta. Sus ansiosos esfuerzos habían sido coronados con éxito; sus fervientes oraciones habían sido respondidas.

Sumándose a la alegría de la ocasión, McMahon declaró que tenía la intención, a su debido tiempo y con el consentimiento de la Congregación *Propaganda Fide*, de confiarle una parroquia al cuidado del Instituto. Y en un emotivo gesto que marcó un vínculo entre la Diócesis y la Congregación, hizo el ofrecimiento de la antigua casa episcopal en la calle Collins, la Residencia McFarland, llamada así por Francis McFarland (1819-1874), el tercer obispo de Hartford, quien había vivido allí desde 1872 hasta su muerte.

La buena noticia fue transmitida sin demora a Chapuy en Grenoble. A medida que se extendió, esta palabra de América generó toda su euforia. Un nuevo día había amanecido para los Misioneros de Nuestra Señora. Dado su legado de amargo y no resuelto conflicto de Iglesia-Estado, el pasado revolucionario de Francia seguiría entrometiéndose en el presente, nublando el futuro de todas las órdenes religiosas allí. Una breve y reveladora expresión de la reacción de la Comunidad ante la fundación del Nuevo Mundo encontró su lugar en las Crónicas históricos un poco más tarde [Misioneros de La Salette, 1893:28]: "'El futuro, el futuro es nuestro,' diríamos, si nos sentiéramos menos indignos de esta oportunidad."

Una serie de bruscas dislocaciones seguirían inevitablemente a la euforia. Nuevos capítulos del Libro del Éxodo de La Salette fueron escritos por los sucesivos contigentes expatriados quienes dejaron Francia por New York vía Cherbourg, o Suiza por New York vía Antwerp el 3 de septiembre, el 12 de noviembre, el 19 de noviembre de 1892; el 23 de enero de 1893 ... La asimilación, la inculturación, el multiculturalismo—modismos familiares para nuestra época de sofisticación sociológica—habrían sonado tan extraño a los oídos de nuestros colegas emigrantes como los idiosincráticos términos ingleses que a menudo los desconcertaban en Connecticut. Aparentemente, la decisión de migrar fue una medida temporal, diseñada para salvaguardar "a nuestros sujetos que son responsables al servicio militar" durante el tiempo que fuera necesario. Sin embargo, pocos, si acaso, de los asignados a Hartford a finales de la década de 1890, desconocían que una implantación permanente en el Nuevo Mundo se estaba llevando a cabo.

Se despidieron tristemente de hermanos, padres, familia, amigos, vecinos, la ciudad natal y la patria; se despidieron con un adiós lloroso en la tradición misionera de la Iglesia y de la Congregación, en espíritu de sacrificio. Percibieron que, con el tiempo y por la gracia de Dios, se las arreglarían para adaptarse a entornos extraños, abandonarían gradualmente las características que los marcaban como extranjeros, aprenderían el idioma de su tierra de adopción y progresivamente tomarían sus caminos. ¿Se atrevieron a pensar que llegaría el día en que pensarían de sí mismos simplemente como americanos? Por cualquier nombre, el proceso de desarraigo, trasplante y rebrote tuvo que ser una experiencia desgarradora [Misioneros de La Salette, 1902:57]:

"El monasterio, al parecer, se había convertido en una verdadera fábrica de ataúdes. Lo único que podías escuchar en todos lados eran los golpes de un martillo o el raspado de una sierra. Un momento después, una carreta se detiene, saca algunos paquetes o unos pocos baúles. Luego ves a dos o tres misioneros, rodeados por un grupo de jóvenes estudiantes, caminando lentos y silenciosamente hacia el lugar de la Aparición, estallando en sollozos a los pies de esta Madre a la que aman tanto, tratando de resignarse a la posibilidad de dejarla quizás para siempre. Sin embargo, deben, después de todo, separarse. Con el corazón roto y en lágrimas, como la Virgen del desfiladero, bajan por el camino de Gargas."

Sin embargo, esta última empresa misionera apeló al espíritu aventurero de los Apostólicos de La Salette. Mientras luchaban con la conjugación de los verbos en latín y más tarde con las complejidades de los acentos, oían de vez en cuando sobre una nueva fundación en el extranjero en un lugar llamado Hartford, Connecticut, EE. UU. El susurro entre estos jóvenes compañeros de clase era que, después de su año de noviciado, todos irían a Estados Unidos para estudiar filosofía y teología, porque "a pesar de los heroicos esfuerzos de conciliación realizados por León XIII, el gobierno de Francia persistió en colocar cargas discriminatorias sobre la Iglesia y sobre las organizaciones religiosas en particular." Esto significaría decir adiós a familiares y amigos, tal vez para siempre; pero sería emocionante.

Reflexión

Escritura: Santiago 1: 2-5, 12 (Perseverancia en la prueba)

"Tened por sumo gozo … el que os halléis en diversas pruebas, sabiendo que la prueba de vuestra fe produce paciencia...y que la paciencia ha de tener su perfecto resultado, para que seáis perfectos y completos, sin que os falte nada. Pero si alguno de vosotros se ve falto de sabiduría, que la pida a Dios, el cual da a todos abundantemente y sin reproche, y le será dada. ...

Benaventurado el hombre que persevera bajo la prueba, porque una vez que ha sido probado, recibirá la corona de la vida que el Señor ha prometido a lo que le aman."

Preguntas para reflexionar:

Cuando los Misioneros de La Salette hicieron sus muchos intentos iniciales de establecer una misión en América del Norte, sus esfuerzos se vieron frustrados repetidamente. Sin embargo, persistieron y finalmente fueron recibidos con los brazos abiertos en la Diócesis de Hartford, Connecticut.

- ¿Qué en tu vida (o la de otros) ha necesitado determinación o perseverancia?
- ¿A quién conoces que ha persistido en ayudar a otra persona necesitada?

Oración:

María, madre persistente de todos, en la boda en Caná de Galilea, persististe en ayudar a la pareja de recién casados al pedirle a tu

Hijo y luego decirles a los sirvientes que "hagan lo que él les diga."

Ayúdanos a ser más como tú en tu persistencia amorosa. Que nunca nos desanimemos cuando surjan dificultades. Deja que tu amorosa bondad nos bañe y se filtre en nuestras vidas de la manera más maravillosa. Ayúdanos a perseverar en amar a los demás como nos amas tan generosamente hoy.

Te lo pedimos por tu intercesión amorosa y por la gracia de tu Hijo que vive con el Padre y el Espíritu Santo, un solo Dios, por los siglos de los siglos. Amén.

Jaculatoria:

Nuestra Señora de la Salette, Reconciliadora de los pecadores, ruega siempre por nosotros que recurrimos a ti.

La primera casa de La Salette en los Estados Unidos en la Calle Collins en Hartford, CT, 1892, la antigua Residencia McFarland y la antigua Residencia Episcopal

Capítulo Cinco—Un Nuevo Comienzo

Recién Llegados a América

El cuartel provisional que habían puesto a su disposición había estado vacío durante un tiempo y se encontraba en un estado de considerable deterioro. Para consuelo de Pajot y Vignon, y de su cartera agotada, el techo todavía se podía rescatar. La ayuda de Harty resultó invaluable para encontrar trabajadores y los $700.00 necesarios para reemplazar todos los canales de desagüe. Las hermanas del Monte San José en la Avenida Farmington, el clero local y laicos de buen corazón generosamente cubrieron las necesidades básicas de los primeros días. Una bienvenida que los recién llegados a estas costas no olvidarían.

A fines de 1892, la pionera Comunidad La Salette en América contaba con catorce miembros: Padres Pierre Pajot, Superior; Joseph Vignon, Tesorero; Jean-Pierre Guinet (1866-1923), ordenado en Loèche el 22 de junio de 1890; Clément Moussier (1860-1919), ordenado en Loèche el 31 de mayo de 1886; y Pierre Roux (1864-1934), ordenado en Sion el 21 de diciembre de 1887; Hermano Joseph Cuny, cocinero; Escolásticos Joseph Bachelin, François Gerboud (1871-1959), Julien Ginet (1872-1949), Emile Plattier (1872-1949) y Louis Sorrel (1872-1919); Novicios Etienne Xavier Cruveiller (1874-1945), Henri Galvin (1874-1962) y Constant Glatigny (1873-1905).

Las cartas que Galvin, de dieciocho años, envió a su casa en Francia poco después de su llegada a Estados Unidos—circularon en una traducción mimeografiada mucho más tarde como *Reminiscencias*—ofrecen sinceros bocetos de la vida estudiantil en la esquina de las calles Collins y Woodland: "… Una escalera desgastada, su barandilla aún lustrosa y brillante (un recordatorio de que en el pasado esta casa había sido una buena casa), nos condujo al segundo piso. El cuarto más grande allí sirvió como nuestro salón de estudio y lo que, en los días de los antiguos obispos debió haber sido una capilla, se había convertido en nuestro dormitorio. Nadie había vivido allí por más de

Fila uno de izquierda a derecha: Etienne Xavier Cruveiller (1874-1945), Henri Galvin (1874-1962), y François Gerboud (1871-1959) ; Fila dos de izquierda a derecha : Julien Ginet (1872-1949), Hippolyte Girard (1853-1943) y Clement Moussier (1860-1919); Fila tres de izquierda a derecha: Pierre Roux (1864-1934), Louis Sorrel (1872-1919) y Camille Triquet (1865-1926)

una década. Por lo tanto, no es de extrañar que las paredes y techos estuvieran bastante deterioradas. A pesar de las lamentables apariencias, salud y vigor, alegría y recocijo reinó entre todos los Padres y estudiantes en esa casa. Sentíamos que estábamos trabajando estrechamente unidos con nuestro Señor en su pobre casa en Nazaret y estábamos realmente contentos y felices... Cada vez que salíamos atraíamos miradas curiosas y extrañas sonrisas. Nosotros nos preguntábamos unos a otros: '¿Por qué estas personas nos miran?' Nuestros zapatos tenían una marca extranjera muy distintiva. Sin que nos diéramos cuenta, los siete u ocho de nosotros en botas con clavos en la suela hacíamos tanto ruido en las aceras de losas como la caballería de Lafayette, a cargo de la libertad del país."

En febrero y marzo de 1893, los Padres llevaron a cabo misiones cuaresmales en francés en Nuestra Señora del Rosario en Jewett City, en San Eduardo en Stafford Springs, y en Sagrado Corazón en Wauregan. Predicar el mensaje de La Salette en las parroquias americanas les proporcionó la doble satisfacción de ejercer el carisma apropiado de la Congregación y de suplementar los modestos ingresos que habían estado ganando durante el ministerio de fin de semana. El establecimiento del Instituto en los Estados Unidos estaba oficialmente en marcha; también se había dado un paso importante hacia la autosuficiencia financiera.

Las llegadas constantes de Francia aumentaron significativamente el número de sacerdotes: Hippolyte Girard (1853-1943), Jules Morard (1867-1954), Clovis Socquet (1867-1917) y Camille Triquet (1865-1926).

Los escolásticos Cruveiller, Galvin y Glatigny, que habían comenzado su noviciado en Francia y lo habían completado en Hartford, profesaron el 15 de agosto de 1893. La ceremonia de voto se celebró en la capilla del piso principal de la Residencia McFarland. Joseph Charles, Paul Magnat (1875-1899), Marius Michel (1874-1960), y Joseph Moussier (1873-1929) hicieron sus primeros votos ese mismo día en la Basílica de La Salette. (Partieron hacia New York y Hartford desde Le Havre el 23 de septiembre.)

Menos de una semana después, el 21 de agosto, la incipiente Comunidad se unió a los fieles de la Diócesis de Hartford en luto por la inesperada muerte de su amado Obispo. El fallecimiento prematuro de su benefactor entristeció e inquietó a los Misioneros de Nuestra Señora. Habían sido admitidos en la diócesis a modo de prueba. La Residencia McFarland estaría abarrotada en poco tiempo. Los planes de construcción deberían incluir la Escuela Apostólica que había sido parte del proyecto de Hartford desde el principio. ¿Sería su sucesor tan comprensivo como lo fue McMahon? ¿Se puede esperar que otorgue el permiso necesario tan fácilmente como McMahon?

Primera Iglesia de Nuestra Señora de los Dolores en la sección de Parkville en Hartford, CT

Michael Tierney (1839-1908), pastor de Santa María en New Britain, Connecticut, fue consagrado como el sexto obispo de Hartford el 22 de febrero de 1894. Poco después, Pajot hizo arreglos para reunirse con él. Tierney le dio una cálida bienvenida y mostró un interés genuino con las esperanzas de que los hombres estuvieran cómodos para el futuro cercano. Sólo le complacía observar que los candidatos para el sacerdocio misionero ya habían superado las adaptaciones en la Calle Collins, y continuó diciendo: "Creo que tengo una propuesta que, creo, me parece a mí, resuelve el problema para mayor ventaja de ustedes. Me refiero al pequeño suburbio llamado Parkville en la parte suroeste de Hartford, donde nuestro buen Padre Harty ha construido una pequeña y hermosa iglesia. Cerca de esa capilla de misión hay un lote de diez acres que se puede comprar en términos muy accesibles.

Si pudieras comprar esta tierra y, teniendo en cuenta tanto el presente como el futuro, construir un colegio para tus seminaristas allí, con mucho gusto le encomendaría el cuidado de la iglesia misionera a tus hombres. En mi opinión, Parkville pronto se convertirá en parte de la ciudad y Nuestra Señora de los Dolores se convertirá en una gran parroquia."

Vignon estuvo desde el 3 al 15 de julio en Francia, dando a Chapuy y al Consejo General un excitante reporte de primera mano sobre el progreso excepcional de la fundación Hartford hasta ese momento. Para mantener a los suscriptores y donantes en Francia al tanto de estos prometedores desarrollos, las *Crónicas* presentaron una columna regular titulada "Una Carta de Uno de Nuestros Americanos." Los autores de estas piezas iniciales hicieron comparaciones, compartieron impresiones, describieron actividades ministeriales, descartaron futuros proyectos y apelaron al apoyo continuo de sus lectores franceses [Misioneros de La Salette, 1894:26]:

> "Dimos una misión de dos semanas en Putnam justo antes de Pascua. Cuando llevamos a cabo misiones aquí, no tenemos que salir a buscar personas como lo hacemos en Francia. ...
>
> "Predicamos las enseñanzas de la Santísima Virgen en La Salette. ¡Cuán atentamente nuestros queridos canadienses escucharon los diversos detalles de la Aparición! Unos días después de la misión, las jóvenes de la parroquia formaron una sociedad musical, que escogieron llamar El Círculo de Nuestra Señora de La Salette. Recientemente, presentaron la Aparición en unas series de escenas. La escena de la Virgen hablando con los niños fue particularmente efectiva. Pronto estaremos haciendo aquí en América lo que no se está haciendo en Francia en honor a la Virgen de los Alpes. ¡Lo que no podríamos hacer si tuviéramos los suficientes recursos para representar la Aparición en estatuas de tamaño natural! La tierra fue comprada, pero no se ha terminado de pagar."

Una carta de este tipo describe de cierta forma detallada la concurrida ceremonia de bendición de la piedra angular del 7 de octubre de 1894 en la Avenida New Park. En un comentario entre paréntesis y semi-apologético, el editor francés señala un signo revelador de una americanización incipiente [Misioneros de La Salette, 1894:109]: "Los Padres tuvieron la excelente idea de distribuir un pequeño folleto en inglés sobre la Aparición durante la ceremonia (un enfoque algo estadounidense, pero un medio muy práctico, admitirás, de hacer que las advertencias de nuestra divina Madre sean conocidas por todos)."

Iglesia de San-Joseph en Fitchburg, Massachusetts de una postal anticipada

Contrario a las primeras expectativas, la Diócesis de Springfield, en lugar de Hartford, sería la primera en confiarle una parroquia al Instituto. El 11 de octubre de 1894, los Misioneros de La Salette se hicieron cargo oficial de la Parroquia de San José en Fitchburg, Massachussetts. Vignon fue nombrado pastor; Girard, Roux y Triquet, asistentes. Un estallido de sentimiento nacionalista los acogió a su llegada, pero pronto disminuyó: "Los canadienses se exacerbaron al principio, pero luego cambiaron de parecer" [Rumilly, 1965:152].

Gracias a la influencia orientadora y el persistente entusiasmo de Harty Nuestra Señora de los Dolores alcanzó simultáneamente el estado parroquial y pasó a manos de los Misioneros de Nuestra Señora el jueves 23 de mayo de 1895. Para Guinet, su genial sucesor y el primer pastor canónico de la parroquia, Harty legó una iglesia libre de deudas y una congregación enérgica de 120 familias.

Seminario de La Salette College, Avenida New Park, Hartford, CT; edificio original antes de la expansión; tal vez a principios de 1900

Parroquia de San James en Danielson, CT;
de izquierda a derecha: Rectoría, Iglesia y Convento

En presencia de numerosos invitados y de los habitantes de esta impresionante estructura de $45,000, el Colegio La Salette, de 114 por 45 pies, recibió la solemne bendición del Obispo de Hartford el 19 de septiembre de 1895, el cuadragésimo noveno aniversario de la Aparición. Desde 16 hasta el 22 de noviembre, acogió al primer visitante canónico de la Comunidad, el Consejal General Villard. Sus dos nuevos miembros: Jean Pilloix (1877-1932), quien profesó el 27 de octubre de 1895, y Jean Roux (1878-1963), quien profesó el 21 de junio de 1895, habían cruzado el Atlántico con él.

En su calidad de Visitante, Villard llamó al Ordinario local. Entre otros asuntos, la disposición de la Congregación para asumir la Parroquia Santiago en Danielson, Connecticut, se discutió largamente. Tierney admitió francamente que Danielson, un centro de tensión francocanadiense sería un verdadero desafío. La mejor hora para el más grande éxito de un reconciliador.

Antes de que terminara el año, la inquieta parroquia de Danielson pasó al cuidado pastoral de los Misioneros de Nuestra Señora. Clovis Socquet fue llamado para servir como su primer pastor de la Salette.

Saga de Danielson

Socquet entró en un avispero. En uno de los numerosos episodios de la crisis nacionalista que sacudió a la Iglesia en las últimas décadas del siglo pasado, la gente de Danielson había estado peleando con su obispo y su pastor durante varios años.

El gran número de laicos católicos—que tenían poca educación y trabajaban duro para poder apenas cubrir los gastos de sus necesidades básicas en un mundo nuevo—no se interesó ni participó en los debates que irritaban a los teólogos y dividían la jerarquía. Pocos laicos, sin embargo, no se involucraron emocionalmente en la controversia sobre las nacionalidades.

Los inmigrantes francocanadienses habían llegado a las ciudades industriales de Nueva Inglaterra cargados de una historia de controversia étnica. El dominio de la mayoría de canadiense de habla inglesa—miembros de la Iglesia de Inglaterra, en su mayor parte—había fomentado una mentalidad de asedio en la gente de habla francesa y católica romana de la Provincia de Québec [Perko, 1989:149]: "Por generaciones, la Iglesia había servido no sólo como una institución religiosa sino como un vehículo para la preservación de una lengua y una cultura amenazada. Para los francocanadienses, la Iglesia era un baluarte de su herencia étnica, así como de su fe."

Tomando como ejemplo a su párroco, Thomas Preston, los francocanadienses en Danielson habían contribuido generosamente a la campaña de fondos de construcción con el entendimiento de que la escuela parroquial ofrecería un plan de estudios bilingüe. Una vez que la escuela abrió en 1889, la promesa fue olvidada. Un comité de parroquianos preocupados redactó una petición solicitando más horas de francés en el aula. Una enojada mayoría lo firmó ansiosamente; Preston lo tomó bajo consideración.

Charles Leclaire, M.D., un prominente miembro de la congregación, que por la respetada profesión que practicaba y el patriotismo abierto que profesaba, encabezó un movimiento de reparación. Cualquiera que se enredara con "el León de Danielson" encontraría en él un adversario obstinado.

En 1892, con la paciencia por la inacción de Preston llegando a su fin, varios parroquianos airados redactaron una segunda petición, pidiendo la enseñanza de más francés en la escuela y exigiendo el nombramiento de un pastor francocanandiense. Leclaire entregó personalmente esta petición a McMahon. El Obispo respondió nombrando a Arthur Dusablon, un sacerdote de la Arquidiócesis de Montréal, coadjutor de Danielson. Aunque simpatizaba con las quejas de sus compatriotas, como un intruso en Santiago, Dusablon no estaba en condiciones de resolverlos. Dos años más tarde, regresó frustrado por la relativa tranquilidad de su diócesis de origen.

En junio de 1894, Leclaire presentó sus respetos y la petición de Danielson al nuevo obispo de Hartford. Tierney les pidió paciencia. Reportando sobre la entrevista y su decepcionante resultado, *L'Opinion Publique*—parte de la red de prensa nacionalista de vigilancia—comentó [Rumilly, 1965:150]: "En su deseo de desnacionalizar el elemento francocanadiense, la ira por la asimilación no vacila en sacrificar la calidad del servicio religioso."

La controversia luego tomó un giro nada grato. Un comentario despectivo, supuestamente hecho por Preston, sobre el tamaño de las familias francocanadienses, comenzó a murmurarse, era un ejemplo de cuan baja era la estima que el clero tenía de los canadienses. Agregando combustible al fuego, el belga De Bruycker de Willimantic calificó a los disidentes de Danielson de "rebeldes y socialistas."

Leclaire y sus asociados decidieron referir el asunto al arzobispo Francesco Satolli (1839-1910), delegado apostólico en los Estados Unidos. A los enviados de Danielson se les prestó muy poca atención en Washington. El Arzobispo advirtió a sus peticionarios de Connecticut que tenían la culpa y cargaban una grave responsabilidad por perturbar la armonía de la Iglesia.

En junio de 1895, el comité convocó a una huelga. Un número significante de feligreses se mantuvo alejado de la iglesia. Consternado, J. E. Bourret, el pastor de Santa Ana en Waterbury, resolvió hacer un intento de mediación. Salió de su larga reunión con Tierney con un mensaje de esperanza para los descontentos de Danielson [Rumilly, 1965:151]: "Sométanse, y dentro de dos meses tendrán un pastor francocanadiense. Nuestro obispo ha llegado al extremo de específicamente mencionar al padre Paul Eugène Roy (Obispo, d. 20 de febrero de 1926), el pastor de Santa Ana en Hartford." La huelga terminó de inmediato, y los feligreses ausentes regresaron a la iglesia. Como portavoz, Leclaire prometió que "los desobedientes serían de ahora en adelante humildes y sumisos como corderos." Pasado dos meses; Preston se mantuvo al timón. Se convocó una reunión; la palabra huelga fue pronunciada una vez más.

Dos de los feligreses, Moïse Bessette y Eloi Jetté, fueron delegados para discutir el estancamiento de Danielson con Tierney. En su conversación con ellos el 8 de octubre, el Obispo indicó que se podría esperar un cambio en el futuro cercano [Rumilly, 1965:152]: "'Dentro de un año, Excelencia? ¿Dentro de seis meses?' lo presionaron. Él respondió: 'Un año sería demasiado largo para esperar.'" Thomas Preston, el pastor allí por doce años salió de Danielson el 3 de diciembre.

Entra Clovis Socquet.

Aturdidos por esta manipulación episcopal, muchos feligreses expresaron un gran disgusto y prometieron no retroceder [Rumilly, 1965:152]: "No somos una tribu de indios que debe ser ministrada por sacerdotes extranjeros. Los europeos—sean belgas que hablan francés, suizos o franceses de Francia—no conocen nuestras costumbres, aspiraciones y necesidades; en general, no son mucho mejores que las Pastores irlandeses." En una evidente demostración de prejuicio, *L'Opinion Publique* ofreció esta observación [Rumilly, 1965:153]: "Nuestro nuevo pastor nos dió una magnífica primera impresión, pero desafortunadamente no es canadiense."

"Lo que más le enfureció a medida que la batalla continuaba era que la solución del obispo Tierney para el problema del lenguaje era comisionar a dos congregaciones religiosas de Francia (los Padres La Salette y las Hermanas de San José de Chambéry). Fue una reacción que dejó atónito a Tierney, e igualmente sorprendidos al delegado apostólico y a los funcionarios romanos, quienes entendieron la buena voluntad detrás de la movida del obispo" [Liptak, 1989:167].

Con la negación del alquiler de bancos, la protesta entró en una nueva fase a principios de 1896. *La Tribune* de Woonsocket, Rhode Island, aplaudió el boicot y reafirmó la validez de la causa [Rumilly, 1965:153]: "Lo que quieren los nuestros es un sacerdote de su propia lengua, sangre, raza. Es su derecho." El 4 de enero, James Healy (1830-1900), obispo de Portland, que siempre había mostrado a los francocanadienses de su diócesis de Maine toda consideración y que también había aprendido cuán exigentes y exasperantes podían ser, envió a Tierney una breve nota, aconsejando: "Manténganse firme y déjelos gritar" [Liptak, 1989:165].

Varios clérigos preocupados—catalogados como asimilacionistas por sus problemas—advirtieron a sus compatriotas que no pusieran la etnicidad antes que la catolicidad. Estos mismos sacerdotes también apelaron al Delegado Apostólico, con la esperanza de que Tierney pudiera ser persuadido de tomar algunas concesiones, aunque fueran menores. Satolli optó por cortar por el mismo patrón a los conciliadores y a los exaltados: "Esta agitación es completamente injustificada. La estipulación hecha por el obispo para las necesidades espirituales de su rebaño es más que adecuada."

Un nuevo estallido siguió a la negativa de Socquet a bautizar al hijo de una pareja "rebelde." El 31 de marzo, el Delegado Apostólico oyó de Danielson una vez más. En su respuesta del 27 de abril a Leclaire, escribió [Rumilly, 1965:154]: "Soy consciente de lo que se ha hecho para proporcionarle un sacerdote que sin duda puede satisfacer todas sus necesidades como feligreses de habla francesa ya que él mismo es francés. Su obstinación sólo puede servir para emitir sospecha de su buena fe y sugerir que persigue un objetivo distinto al que establece su queja. Si realmente buscan su bienestar religioso y el de sus hijos, es su deber comportarse como buenos católicos y someterse al gobierno de su Obispo, quien ha lidiado con ustedes en un espíritu completamente paternal." Algunos feligreses desistieron. La mayoría permaneció en el campamento de Leclaire.

Acogiendo con beneplácito la oportunidad de incitar su ruptura completa con la Iglesia Católica Romana y aumentar el nivel de su propia secta, Joseph René Vilatte (1854-1929), arzobispo de católicos franceses renegados en Wisconsin, envió emisarios a los resistentes en Danielson. Frustrado—insistieron—por su Obispo, regañado por el Delegado Apostólico y cortejado en este momento por los separatistas, los feligreses de Santiago se encontraba en una difícil situación.

Interior de la Iglesia St. James en Danielson, CT en 1917

El clima permaneció incansablemente tenso. Es con cierta inquietud que el pastor de veintinueve años de Santiago anticipó la elección de los guardianes de la parroquia a principios de 1897. "Por estatuto del Estado de Connecticut, los intereses financieros de cada parroquia descansan en las manos de una corporación... compuesto por el Obispo de la diócesis, el Vicario General de la diócesis, el pastor de la parroquia y dos laicos de la parroquia que se conocen como síndicos. Los laicos son elegidos anualmente en enero" [Duggan, 1930:204]. Para evitar la infiltración de los partidarios de Leclaire, Socquet no sólo presidió la reunión de la corporación y se desempeñó como secretario de registro; también hizo y secundó todas las mociones. La elección fue impugnada. Se presentó una demanda civil.

"Ghetto de Ghettos"

En su inquietud étnica, Danielson no estaba sólo. Las diócesis católicas en todo el país fueron marcadas por la segregación a lo largo de líneas nacionales. La actitud parroquial en su peor momento había adoptado una postura combativa y defensiva en todas partes. Esta lucha interna fue, a veces, tan alarmante como desalentadora: "Un gueto de guetos, podríamos llamar a este grupo de personas unidas, pero prácticamente diversas y divididas... Hubo más razones para que los irlandeses católicos lucharan con los alemanes católicos, y más satisfactorio aún para los polacos católicos luchar contra otros polacos católicos que ser distraídos por los sonados y mordaces protestantes" [Marty, 1986:130-131].

Analizando el campo minado, la primera tendencia del Vaticano fue mantener una postura neutral. Como Mariano Rampolla (1843-1913), Cardenal Secretario de Estado, lo expresó a Denis O'Connell (1849-1927), Rector del Colegio Norteamericano en Roma: "Desafortunadamente, hay dos partidos en los Estados Unidos y La Santa Sede no puede favorecer a ninguno de ellos" [Carta del 17 de enero de 1891. *Archivos de la Catedral de Baltimore*, 88-H-2]. En julio de ese mismo año le escribió a Gibbons: "El Jefe de la Iglesia Universal no se inclina a provocar las más mínimas dudas e insta a Su Eminencia a trabajar junto con sus hermanos obispos para la restauración de la paz"

[Moynihan, 1953:68].

Al conferir el palio a Frederick Katzer (1844-1903), el arzobispo de Milwaukee nacido en Austria, cuya transferencia a esa sede desde Bahía Verde en enero de 1891 había causado críticas, Gibbons interpretó este consejo como una llamada a la unidad de la Iglesia que superaría las divisiones y trascendería las nacionalidades [Will, 1922:528]:

"¡Ay de aquellos, amados, que destruyan o perjudiquen esta bendita armonía que reina entre nosotros! ¡Ay de aquellos que siembren la cizaña de la discordia en los razonables campos de la Iglesia en América!... Hermanos y hermanas somos, cualquiera que sea nuestra nacionalidad, y hermanos y hermanas nos debemos mantener. Demostraremos a nuestros compatriotas que los lazos formados por la gracia y la fe son más fuertes que la carne y la sangre. ¡Lealtad a la Iglesia de Dios y a nuestro país! Esta es nuestra fe religiosa y política. Déjennos gloriarnos en el título de ciudadanos estadounidenses. Le debemos nuestra lealtad a un país, y ese país es América."

La mera sugerencia de cualquier cosa extraña apegada a la Iglesia en los Estados Unidos irritaba a la mayoría de sus obispos. Ireland de San Pablo estaba decididamente entre ellos: "En la medida en que las vestiduras de la Iglesia asuman el color de la atmósfera local, ella debe ser estadounidense. Que nadie se atreva a pintarle la frente con un tinte extraño o colocar en sus mantos forros extranjeros." John Lancaster Spalding (1840-1916), obispo de Peoria, Illinois, fue uno de los pocos progresistas que rompió rangos en la cuestión de la asimilación [Greeley, 1967:168]: "De cualquier parte del mundo que vengan, los inmigrantes tienen el derecho," enfatizó, "de mantener sus costumbres, idiomas, prácticas religiosas."

Los líderes de la Iglesia estuvieron de acuerdo en que los inmigrantes católicos deberían adaptarse a las costumbres de su tierra adoptiva, aspirar a una ciudadanía estadounidense responsable y obtener el lugar que les corresponde en la corriente principal de la vida estadounidense. Las diferencias de opinión surgieron sobre el paso de estos ajustes: una ruptura abrupta con las costumbres, los idiomas y las tradiciones del Viejo Mundo desde el principio, o un proceso gradual de asimilación a lo largo del tiempo, que abarca sucesivas generaciones.

Una diferencia de opinión más fundamental surgió sobre el tipo de ajuste a realizar. Convencidos como estaban de que la experiencia católica en los Estados Unidos tenía importancia mundial, los eclesiásticos liberales pensaron que el orden social y político en América encarnaba valores genuinos que no eran apreciados ni implementados por los europeos, incluyendo miembros de la Curia romana.

En su opinión, los tiempos plantearon una pregunta crucial: "¿El mundo moderno influirá en la fe tradicional o la fe tradicional influirá en el mundo moderno?" Con el optimismo que caracterizó la década de 1890, concluyeron que la antigua fe no tenía nada que temer de la libertad política y religiosa. Desde esta plataforma, desaprobaron cualquier cosa que creara o pareciera crear una oposición innecesaria entre la Iglesia y la cultura estadounidense.

Los eclesiásticos conservadores, por otro lado, prestaron más atención a aquellos aspectos de la cultura estadounidense que consideraban irreconciliables con el catolicismo: el creciente agnosticismo de los pensadores contemporáneos, el materialismo descarado de la sociedad estadounidense, las batallas de la expansión industrial, la secularización progresiva del sistema de escuelas públicas y la abierta hostilidad de la mayoría protestante hacia el catolicismo romano.

Para los asimilacionistas, franco-americanos, alemanes—americanos, italo-americanos, polaco-americanos, … constituían una anomalía. Para los nacionalistas, estos católicos con muchos guiones, aferrados a la fe y los valores familiares de sus respectivos países de origen, constituían un baluarte contra el secularismo invasor.

Ninguno de los lados en el debate resistió por completo el exceso. La asimilación forzada malinterpretó la complejidad del proceso y subestimó el factor tiempo involucrado. La presionada americanización, la mayoría de las veces, resultó ser contraproducente. Los ataques a sus rasgos étnicos y la negación de sus derechos sólo podrían reforzar la identidad del grupo nacionalista de los inmigrantes y alejarlos de la Iglesia más amplia. Del mismo modo, un enfoque estrecho y exclusivo sobre las preocupaciones nacionalistas sólo podría engendrar el machismo y un particularismo impropio de una Iglesia universal.

El 24 de julio de 2012, esta bandera se convirtió en la bandera oficial Franco-Americano bandera en los estados de Connecticut, Maine, New Hampshire y Vermont.

A la altura de la controversia sobre las nacionalidades, los grupos de interés étnico asediaron a Roma con llamamientos y solicitudes urgentes. Para citar sólo algunos ejemplos: En 1887, cuarenta y tres sacerdotes franceses de la arquidiócesis enviaron una petición a la señorita Lucie Faure, hija de Félix Faure (1841-1899), presidente de la Tercera República, pidiéndole que usara su influencia en el Vaticano para obtener la nominación de un francés como arzobispo de Nueva Orleans. Sus esfuerzos fueron frustrados. Francis Janssens (1843-1897), el Rector holandés de la Catedral en Richmond, Virginia, fue elegido. Honoré Mercier (1840-1894), el Primer Ministro de Québec, se trasladó a Roma en 1891 para instar el nombramiento de los obispos canadienses en los estados de Nueva Inglaterra. Los sacerdotes polacos en Chicago insistieron en que los polacos inmigrantes recibieran obispos seleccionados entre sus propias categorías. Reclutaron los buenos oficios de nada menos que el presidente Grover Cleveland para defender su causa en Roma.

El Vaticano no tuvo más remedio que tomar una posición. En mayo de 1892, Mieceslaus Ledochowski (1822-1902), Cardenal Prefecto de la Congregación de Propaganda, le envió a la jerarquía de los Estados Unidos un mensaje que se sabía articulaba los puntos de vista persistentes de León XIII [Moynihan, 1953:69-70]:

"Cada vez que una sede episcopal está vacante en América, el clero y la gente se entusiasman, los diferentes grupos discuten posibles candidatos en las reuniones y, a través de la prensa pública, buscan por todos los medios que avancen sus favoritos. La principal causa de estas divisiones es que los católicos, divididos en líneas nacionales, exigen obispos de sus diferentes nacionalidades, en lugar de mantener únicamente el bienestar de la Iglesia. Este bienestar es la única guía de la Santa Sede al nombrar obispos para todos los países, y especialmente el principio debe ser seguido en el caso de los Estados Unidos, adonde van las poblaciones de varios países de Europa, hasta el extremo de que se construyan allí por sí mismos una nueva "patria," donde deben unirse como un pueblo y formar juntos una nación."

El mensaje fue claro. Los católicos estadounidenses deberían dejar atrás sus divisiones étnicas y "unirse como un solo pueblo." El temible principio del crisol había encontrado el camino adecuado para una directiva curial. La mayoría de los inmigrantes siguió creyendo que era posible en el Nuevo Mundo constituir una comunidad cultural-religiosa particular que al mismo tiempo sería completamente estadounidense. "Los católicos polacos, franceses e italianos continuarían resentidos por el dominio de la Iglesia por parte de la jerarquía irlandesa, y la jerarquía irlandesa, el clero y los laicos seguirían resintiendo el

Mieczysław Halka-Ledóchowski (1822-1902) de Polonia, el Cardenal Prefecto de la Congregación de Propaganda

separatismo y lo que consideraban el antiamericanismo de los inmigrantes. ... Aunque es posible desarrollar alguna teoría en la que se pueda proteger tanto el pluralismo étnico como la unidad nacional, la aplicación práctica de tal teoría se evadió en la Iglesia en la década de

1890 y aún se evade" [Greeley, 1967:193].

Cualquier evaluación retrospectiva de los esfuerzos de reconciliación presentados durante la crisis por el clero, generalmente, y por Clovis Socquet y sus coadjutores, Pierre Roux y Joseph Deschaux-Blanc (1866-1921), específicamente, debe tomar en cuenta el cambio dramático en la conciencia que ha tenido lugar desde entonces. La preocupación contemporánea de darle poder a las minorías, la sensibilidad relativamente nueva a las culturas minoritarias, y el creciente conocimiento de que el multiculturalismo es una expresión saludable de igualdad, así como de diversidad sólo sirven para resaltar las ramificaciones sicológicas y sociológicas del desafío permanente de la unidad en la diversi.

A medida que el período de confrontación se desvanecía y los rastros de animosidad disminuían, los líderes de las iglesias estadounidenses comenzaron a percibir las dimensiones más positivas de la distinción multicultural. "La importancia dada a la parroquia, el respeto por el don de cuidado pastoral, el entendimiento del valor de la solidaridad obtenida a través de la organización católica—su insistencia en estos aspectos particulares de su fidelidad—fue el legado excepcional de los francocanadienses al catolicismo en los Estados Unidos" [Liptak, 1989:170].

"Nunca pienses que has visto lo último de cualquier cosa"—el refrán de Eudora Welty de *La Hija del Optimista*—seguramente se aplica aquí. Señales de los tiempos: un titular de primera página en la edición del 21 de junio de 1991 de *The New York Times*, "El Panel sobre las Escuelas Insta a Enfatizar las Culturas Minoritarias," y el 8 de julio de 1991, la portada de *Times* cubre la historia, "¿De quién es América?" con un subtítulo amenazante: "Un creciente énfasis en el patrimonio 'multicultural' de la nación enaltece el orgullo racial y étnico a expensas de la unión social."

"Para hacer justicia a estas complejidades intelectuales—por no mencionar el diseño de políticas prácticas para lidiar con ellas—debemos tomar en serio los reclamos de todos los grupos involucrados. No se debe descartar la posición de nadie simplemente dándole una etiqueta desagradable—llamándola 'etnocéntrica,' digamos, o apodándola 'producto del pensamiento del crisol de razas.' Debemos ir más allá de las prácticas no sólo del americanismo, sino también del pluralismo" [Gleason, 1989:57].

Reflexión

Esritura: 2 Corintios 5:17-20 y 6:1 (Tú eres una nueva creación)

"De modo que si alguno está en Cristo, nueva criatura es; las cosas viejas pasaron; he aquí, son hechas nuevas. Y todo esto procede de Dios, quien nos reconcilió consigo mismo por medio de Cristo, y nos dio el ministerio de la reconciliación; a saber, que Dios estaba en Cristo reconciliando al mundo consigo mismo, no tomando en cuenta a los hombres sus transgresiones, y nos ha encomendado a nosotros la palabra de la reconciliación. Por tanto, somos embajadores de Cristo, como si Dios rogara por medio de nosotros; en nombre de Cristo os rogamos: ¡Reconciliaos con Dios! ... Y como colaboradores con El, también os exhortamos a no recibir la gracia de Dios en vano..."

Preguntas para reflexionar:

Con respecto a las luchas de los Misioneros de La Salette para comenzar su nueva vida y ministerio de reconciliación en América del Norte, escuchamos sobre los desafíos de ministrar entre y con diversos grupos culturales y étnicos. Sin embargo, los La Salette siguieron adelante, tratando directa y amorosamente con la oposición y manteniendo una visión clara de su ministerio de reconciliación "para toda su gente."

- ¿Cuándo usted u otros han podido manejar bien diferencias de opiniones y conflictos problemáticos?
- ¿Conoce a una persona que haya tratado con éxito o haya seguido escuchando a otra persona con un punto de vista diferente?

Oración:

María, Madre de la Reconciliación, en las Escrituras encontramos ejemplos de las diferencias de opinión incluso entre la Sagrada Familia de Nazaret; tu expresión de frustración con tu hijo pequeño mientras permaneció en el templo en Jerusalén, escuchando a los maestros y haciéndoles preguntas. Abriste tu mente a sus palabras y ponderaste estas cosas en tu corazón, y estamos llamados a hacerlo.

Enséñanos cómo reflexionar sobre algunas situaciones en nuestro corazón, permitiendo que Dios nos guíe y nos ayude a renovarnos al comprender cómo enfrentar los desafíos de la vida con esperanza y confianza en el Padre.

Te lo pedimos por tu intercesión amorosa y por la gracia de tu Hijo que vive con el Padre y el Espíritu Santo, un solo Dios, por los siglos de los siglos. Amén.

Jaculatoria:

Nuestra Señora de la Salette, Reconciliadora de los pecadores, ruega siempre por nosotros que recurrimos a ti.

Capítulo Seis—Un Tiempo Para Todo

Un Tiempo para Reunirse

En 1897, los estudiantes de a Escuela St. Joseph en Corps fueron juntos en vacaciones a la fuente cercana al Río Gillarde

El Instituto había entrado en un estimulante período de expansión y diversificación. Según todas las explicaciones, el Capítulo General que se reunió en Grenoble del 5 de octubre al 15 de noviembre de 1897, se comprometió conscientemente en un esfuerzo de dos frentes: al inventario y apropiarse de la rica diversidad y asegurar que el centro vital sea firme y fuerte. Esta preocupación por establecer y mantener un equilibrio sólido entre el gratificante movimiento exterior que estaba abriendo nuevas oportunidades en varias direcciones y el esencial movimiento interno que mantendría al Instituto en expansión unido a su inspiración original marcó la agenda.

Tomando parte en estas deliberaciones que establecerían el curso de la Congregación por un tiempo, estaban dieciséis delegados del Capítulo; ocho de los cuales eran miembros *ex officio*: Chapuy, Superior General saliente; Archicr, Berthier, Perrin y Villard, los Asistentes Generales; Thomas, el Secretario General; Auguste Ploussu (1848-

1920), el Tesorero General; y Louis Beaup (1861-1936), el Maestro de Novicios; ocho de los cuales fueron representantes electos: Francia: Joseph Brissaud (1835-1903), San José en Corps; Isidore Burille (1856-1925), Grenoble; Casimir Gachet (1864-1941), Noirétable; Pierre Liaud (1865-1930), Grenoble; François Pra (1863-1918), Grenoble; Roma: Auguste Blache (1861-1936); y Estados Unidos: Pierre Pajot y Joseph Vignon.

La revisión de la Regla para presentarla a la Santa Sede, una tarea aparentemente interminable, estaba en la agenda. El General Consuetudinario también necesitaba ser cambiado. El principio de unidad en la diversidad presidió esta doble revisión.

La misión universal y el propósito del Instituto, los medios sancionados por la Iglesia para alcanzar estos objetivos compartidos, la regularidad religiosa a ser observada por todos, las oraciones comunes y las prácticas devocionales a llevar a cabo en todas partes, y un modelo de gobierno centralizado abordaron la necesidad para la unidad en lo esencial.

Las modificaciones, e incluso atenuantes, en cuanto al horario diario, vestimenta religiosa, etc., para acomodar los diversos apostolados, el clima, la cultura y las costumbres de un país determinado abordaron la necesidad de respetar la diversidad. Adaptaciones de esta naturaleza encontrarían su camino en directorios regionales y locales.

Para mejorar su carácter distintivo y promover su unidad en toda la extensión, se propuso entonces que—con la aprobación eclesiástica—se adoptara un calendario litúrgico propio del Instituto y que se publicara anualmente una publicación de La Salette. La propuesta se llevó a cabo.

El Capítulo también ideó una red de comunicaciones oficial, designando para cada una de las residencias a un corresponsal oficial de las *Crónicas*.

Como parte del Renacimiento Tomista que había lanzado en 1879, León XIII instó a las familias religiosas a matricular a sus seminaristas mayores en las universidades pontificias de Roma. Los misioneros de Nuestra Señora escucharon la citación papal en 1896, al tiempo que la residencia de Loèche en Suiza cerró sus puertas después de quince años. Dieciocho escolásticos—trece de los cuales perseverarían—habían, desde el 1892, viajado a Estados Unidos para continuar sus estudios de filosofía y teología en Hartford.

El primer Seminario La Salette en Roma fue la residencia de los estudiantes de Filosofía y Teología de muchos países.

Dieciséis escolásticos—doce de los cuales irían al sacerdocio misionero La Salette—fueron enviados a estudiar a la Ciudad Eterna.

Incómodos con la ligereza que había caracterizado el enfoque de la Comunidad hacia la educación a lo largo de los años, varios delegados acogieron este cambio de un modelo de escolasticado exclusivamente interno a un entorno universitario en el corazón de la cristiandad. Entre ellos se encontraban Pajot y Pinardy, defensores de una educación de calidad para futuros jóvenes misioneros. Acogieron con beneplácito la oportunidad de hacer un llamamiento para estándares más altos en todos los niveles, señalando que "los educadores inexpertos y las improvisaciones apresuradas sólo podrían resultar costosas, una clara evidencia que lamentablemente se había pasado por alto en los primeros días" [Jaouen, 1953:120].

Los miembros de la comisión preparatoria del Capítulo para estudios clásicos, Eugène Beaup, Brissaud y Chanaron, recomendaron que las Escuelas Apostólicas en Corps y Grenoble "adopten e implementen un programa coherente de cursos." Mientras la Escuela Apostólica de Hartford estaba todavía en sus etapas preliminares de planificación, Pajot se complació en anunciar que Julien Ginet y Louis Sorrel estaban en ese mismo momento en la residencia con los Sulpicianos en el Colegio San Carlos en Ellicott City, Maryland, "para mejorar su inglés y familiarizarse con el plan de estudios y los principios de la educación secundaria en los Estados Unidos."

En el umbral de esta era de expansión en la historia de la Congregación, el Capítulo otorgó prioridad a sus Escuelas Apostólicas, una invaluable fuente devocaciones y una seguridad para los años venideros.

Lo próximo en la agenda eran los informes de progreso sobre las fundaciones recientes, por lo que los capitulares se complacieron al saber que las parroquias atendidas por sus colegas en Danielson, Fitchburg y Hartford estaban prosperando, material y espiritualmente; que la molesta turbulencia étnica que surgió a su llegada a Danielson mostraba signos de estar disminuyendo; que, frente al desafío de alojar a 300 alumnos en la escuela de tres aulas de San José, Vignon había decidido construir una nueva; que un reciente bazar había recaudado $2,700.00, una magnífica contribución a la causa por parte de feligreses sin muchos recursos.

También aprendieron que el grupo de la misión mantenía un horario agitado—y aunque los nombres trabalenguas de los lugares como Bridgeport, New Haven, Wauregan y Winsted significaban poco para ellos, el saber que el mensaje de María estaba alcanzando una amplia audiencia de oyentes receptivos tenía que significar mucho para los Delegados del Capítulo; que los retiros a las religiosas habían abierto, recientemente, buenas oportunidades para predicar el espíritu de La Salette; que en respuesta a la necesidad y a pesar de su desconocimiento del idioma, los hombres se habían aventurado en las parroquias de habla inglesa en el ministerio de fin de semana; que las instrucciones de contestar "bien" en respuesta a todas y cada una de las preguntas que se les pudieran plantear había dado lugar a varios momentos difíciles y una serie de episodios cómicos.

Se les informó que una universidad cómoda, funcional y espaciosa había sido levantada en la Avenida New Park en un tiempo récord, pero que la reducción de la deuda posiblemente no rompería récord. Se les dió también la gran noticia de que la Comunidad de Hartford—hasta ahora un grupo de franceses, esforzándose por adaptarse a las costumbres del Nuevo Mundo—estaba ansiosamente anticipando la entrada de la primera clase de estudiantes estadounidenses y "el verdadero nacimiento de la rama americana de la Congregación."

El Capítulo procedió luego a enfocar su atención en una serie de informes sobre posibles fundaciones. A pesar de la amenaza omnipresente de la interferencia del gobierno, los hombres en Francia habían estado discutiendo dos nuevos ministerios: La Salette du Mont Saint-Clair, un santuario para Nuestra Señora Reconciliadora en Sète, y un orfanato en Villeurbanne. Respaldados por los Capitulares, ambas propuestas se implementarían dentro de un año.

Percibiendo, muy acertadamente que la furia total de la tormenta anticlerical aún no se había desatado, el Consejo General instó al Capítulo a mirar varios refugios alternos más allá de las fronteras de Francia para Apostólicos y Novicios. Bélgica, Holanda, Luxemburgo, Suiza y Westfalia fueron mencionados como posibles sitios de fundación.

Los planes de expansión no alcanzarían su objetivo, argumentaron algunos, si no se compensaba la falta de un impulso vital a la misión extranjera. A pesar de la carga sobre las escasas reservas financieras y el personal de la Congregación, la reciente retirada de Noruega en 1892 había creado un vacío que era necesario llenar. El Capítulo, por lo tanto, ordenó a la próxima Administración General que investigara con la Congregación para la Propagación de la Fe la posible asignación de un campo misionero para cada uno de los dos sectores del Instituto: Francia y Estados Unidos.

En marzo de 1895, el primer ministro francés, Alexandre Ribot (1842-1923), introdujo personalmente una factura de impuestos de suscripción considerada como injusta por muchas personas

Dada la historia de intrusiones arbitrarias y discriminatorias de la Tercera República en su vida y ministerio, los religiosos en Francia, en general, no quisieron someterse a la autoridad civil. Había, en su mayor parte, ignorado la Ley de Aumento de Impuestos de 1884. Durante la breve y permisiva presidencia de Pierre Casimir-Périer (1847-1907) el gobierno había decidido creer que los religiosos estaban incumpliendo porque la propia legislación—una variación para las comunidades religiosas en las leyes de impuestos de herencia de Francia—era excesivamente complicada.

Bajo presión izquierdista, Casimir-Périer renunció y fue sucedido a principios de 1895 por Félix Faure. Nombrado Primer Ministro por el nuevo presidente, Alexandre Ribot (1842-1923) se declaró partidista del apaciguamiento Iglesia-Estado, advirtiendo que no estaba necesariamente preparado para dejar que la Iglesia hiciera todo a su manera. El Aumento de Impuesto había generado 1, 500,000 F. en 1890; los ingresos bajaron a 350,000 francos en 1893, y habían estado bajando constantemente desde entonces. En opinión del Primer Ministro, la complejidad de la ley era menos culpable que la brillante ingenuidad con el que los religiosos eludían sus obligaciones.

En marzo de 1895, Ribot presentó personalmente un Proyecto de Ley de Cuota de Impuestos que exigía un porcentaje anual a cobrar de 0.30 F. sobre el valor nominal de todas las propiedades de los religiosos. La medida pasó rápidamente tanto en la Cámara de Diputados como en el Senado.

La gran mayoría de las congregaciones y órdenes habían contrarrestado esta última ofensiva financiera anticlerical adoptando una postura de resistencia pasiva. El Capítulo se enfrentaba a un dilema desagradable. ¿Debería la Congregación, en solidaridad con prácticamente todos los religiosos y en contra de los conocidos deseos de León XIII, quien no ocultó el hecho de que la hostilidad abierta al régimen republicano no era de su agrado, negarse a presentar las declaraciones y formularios requeridos con el Ministerio del Tesoro?

Todos estuvieron de acuerdo en que la ley era "una aplicación y una carga injusta." El incumplimiento, algunos advirtieron, bien podría significar severas penalidades en forma de multas sustanciales. La propuesta de resistencia pasiva se llevó a cabo, aunque no por unanimidad.

A mediados de noviembre, los Delegados de Capítulos eligieron oficiales generales por un período de tres años, cuyo trabajo fue esbozado para ellos: Superior General: Joseph Perrin; Asistentes Generales: Auguste Chapuy, Jean-Claude Villard, Célestin Thomas y Pierre Pajot; Tesorero General: Auguste Ploussu.

Joseph Pinardy fue nombrado Director General de Estudios, sucediendo a Jean-Claude Villard. Se crearon dos nuevas posiciones: Procurador de la Santa Sede (Auguste Blache, Superior del Escolasticado de Roma) y Vicario de la Federación de Estados Unidos (Pierre Pajot, hasta el momento en que asumió sus funciones como Consejero y Secretario General).

Al concluir el Capítulo, la reunión destacó a dos fieles, confiriéndoles una membresía honoraria de por vida en el Consejo General y voz consultiva siempre que esté presente en sus reuniones. Honrados fueron Pierre Archier y Jean Berthier. Sus incansables liderazgos y esperanzas inquebrantables contribuyeron en gran medida a lo largo de los años a la posibilidad del Instituto.

Aunque seguiría siendo un Misionero de La Salette hasta su muerte en 1908, Berthier—en respuesta a una llamada personal—fundó los Misioneros de la Sagrada Familia y brindó a la creciente Congregación de La Salette una ramificación, una señal única de crecimiento.

Enamorado del ministerio de formación desde el día en que la Escuela Apostólica abrió en Corps en 1876, Berthier había alimentado por mucho tiempo una visión propia: el alistamiento de vocaciones tardías para el servicio en las misiones extranjeras. Habiendo renunciado

Benoît-Marie Langenieux (1824-1905), Cardenal arzobispo de Rheims; Acuarela de William Ewart Lockhart; foto: Bamfords Subastadores y Valuadores

como director de la Casa de Estudios de Loèche en 1889, regresó al grupo de misión, su primer amor.

Mientras realizaba un retiro para el clero de Rheims en 1893, tuvo la oportunidad de compartir su sueño con Benoît-Marie Langénieux (1824-1905), el Cardenal Arzobispo, quien fue cautivado por lo que este maestro de retiro de La Salette tenía que decir: "Dos tercios del mundo habitan en la oscuridad de la infidelidad, la herejía o la división. Tres cuartas partes de la humanidad no han oído hablar de Nuestra Señora. Este mundo pertenece a los mercaderes, quienes por el bien de la ganancia material están dispuestos a viajar a cualquier parte de la tierra, explotando tierras y pueblos; los cristianos vacilan en ir por el bien del Evangelio. La cosecha es abundante, pero los cosechadores son pocos. ¿Por qué no aprovechar la reserva de reclutas que nuestros seminarios dejan ir debido a su edad?"

El preciado proyecto, a través del intermediario de Langénieux recibió la bendición y el respaldo papal en noviembre de 1894. El 11 de enero de 1895, el General emitió esta concisa decisión [Hostachy, 1946:443]: "A su pedido, el Consejo General autoriza al Reverendo Padre Jean Berthier a dedicarse a un proyecto que promueve las vocaciones tardías para el servicio en las misiones en el extranjero, un proyecto favorecido y fomentado por el Soberano Pontífice y Su Eminencia el Cardenal Langénieux."

La casa en Grave, Países Bajos, donde el p. Jean Berthier, M.S., fundó los Misioneros de la Sagrada Familia

A lo largo del camino, la comunicación parece haberse roto. La aventura de Berthier comenzó a representar una amenaza para el Consejo General, como se debe deducir de la carta de Langénieux del 22 de enero de 1895, a Chapuy [Hostachy, 1946:443]: "Entiendo sus temores concernientes al proyecto que persigue el buen Padre Berthier, pero usted está en una mejor posición que él para eliminar su causa y, como resultado, convertir en bendiciones para su familia religiosa lo que usted ve como un grave peligro. Haga lo posible por decirle a todo el que encuentre cuán orgulloso está de ver a uno de sus hijos, uno que sigue siendo uno con usted de corazón y, durante la temporada de peregrinación, uno que está con usted de hecho, encargado de una misión tan grande para la Iglesia."

Langénieux aprobó las Constituciones del nuevo Instituto e invitó a Berthier a escoger un sitio para la primera fundación. Berthier sabiamente decidió no establecerse en Francia. Ese septiembre, una antigua instalación militar—cuarteles, hospitales y campos de desfiles—en Grave, Holanda, se convirtió en la casa madre de los Misioneros de la Sagrada Familia.

Unos meses después de su muerte el 2 de enero de 1899, Archier voluntariamente aceptó dar una conferencia a los Apostólicos en Grenoble. Luego, en su octogésimo cuarto año, el patriarca de los Misioneros de La Salette, pronunció este conmovedor *Nunc Dimittis* [Hostachy, 1946:415]:

> "Por más de treinta años, hijos míos, no éramos más que una docena de Hermanos y Padres. Soñé todo el tiempo que la pequeña comunidad podría algún día ponerse en marcha por el bien del buen trabajo de la Madre, y yo siempre tenía grandes esperanzas para nuestro futuro. Nunca habría soñado, sin embargo, que viviría para ver tanto crecimiento, y especialmente en tan poco tiempo. En menos de veinte años hemos pasado de 10 a 150 religiosos profesos. Y aún así, durante ese intervalo, muchos, habiendo puesto su mano en el arado (Lucas 9:62), perdieron el ánimo. Deberíamos exclamar una vez más: "Esto es, de hecho, la obra de Dios en lugar de la de los seres humanos" (Hechos 5:38), quienes la hubieran destruido veinte veces más, de haber sido posible."

El futuro dio señales. Enfrentarse a su desafío requeriría una determinada resolución. Cumplir su promesa dependería de la guía providencial de Dios y de la respuesta sacrificial de los hombres. En la primera de sus populares e informativas cartas circulares, el nuevo Superior General llamó la atención sobre las impresionantes estadísticas de la Congregación: Padres 67, Escolásticos 42, Hermanos 14, Novicios 12, Oblatos 2 y Apostólicos 75. Consideraba el continuo crecimiento del Instituto esencialmente centrado en las nuevas oportunidades de servicio y la disponibilidad y disposición del personal para asumir estos nuevos ministerios.

Un Tiempo para la Siembra

El tiempo tristemente llegó en mayo de 1898 para que Pajot dejara la fundación del Nuevo Mundo que había sido su orgullo y alegría durante seis prodigiosos años y asumiera sus deberes de Administración General en Grenoble. Socquet lo reemplazó como superior en Hartford, Guinet reemplazó a Socquet como párroco de Santiago en Danielson, Vignon, ahora Vicario de la región de EE. UU., reemplazó a Guinet como pastor de Nuestra Señora de los Dolores en Hartford, y Triquet reemplazó a Vignon como pastor de San José en Fitchburg.

Guinet trajo su propia marca de cortesía, amabilidad y apertura a la delicada situación en Danielson. Reconociendo la necesidad de una iglesia más grande, el nuevo pastor se inspiró para obtener la cooperación de los hombres. Los invitó a limpiar la tierra y cavar ellos mismos los cimientos. Se oyeron gruñidos aquí y allá, pero la respuesta en general fue alegre y entusiasta. Con orgullo y determinación, los hombres de Santiago hicieron el trabajo. Un atribulado rebaño se había unido en un esfuerzo conjunto hacia un objetivo común. Las diferencias profundas y las divisiones abruptas, aunque no olvidadas, fueron superadas.

La Carta Circular #3 de Perrin, del 19 de julio de 1898, transmitía un mensaje funesto. Los más sabios, de hecho, no habían prevalecido en el Capítulo del otoño anterior. Los peores temores expresados por algunos se habían hecho realidad: "Habiéndonos multados por no pagar los impuestos evaluados por la Ley de Cuota que grava en forma inicua nuestras propiedades inmuebles, el Tesoro ahora está buscando una orden judicial para anexar nuestra residencia en Noirétable. No

El Colegio La Salette en Harford, CT abrió sus puertas el viernes 16 de septiembre de 1898; ésta es la clase de ese año

tenemos más remedio que mantener la postura de resistencia pasiva que nuestro último Capítulo nos impuso; no obstante, estamos tomando todas las precauciones para protegernos del acoso por parte del Ministerio de Hacienda."

A finales de agosto, los francocanadienses de Connecticut celebraron su congreso anual en Jewett City. Los intentos, aunque agotadores y persistentes, de expulsar a los Salettes de Danielson habían fracasado. Superados, Leclaire concedió mucho en su intervención en la reunión [Rumilly, 1965:167]: "Estamos perdiendo terreno. El obispo es parcial para estas comunidades francesas que apenas son deseadas por los pastores irlandeses. En este punto, los Misioneros de La Salette están atrincherados en Danielson."

El Colegio La Salette en Hartford abrió sus puertas el viernes 16 de septiembre de 1898. Louis Sorrel, "un hombre de fuerte constitución, de mente ágil y ávida," su primer director, extendió la más cálida bienvenida a doce niños estadounidenses. De la clase original inscrita ese día, tres alcanzaron la meta del sacerdocio Misionero La Salette: Zotique Chouinard (1883-1964), Emile Plante (1884-1954), y Armand Potvin (1883-1916)

Para suplir las deficiencias internas, dos laicos habían sido contratados para enseñar inglés y matemáticas. Un gran sueño se había hecho realidad. La división estadounidense del Instituto era ahora una realidad.

Dos meses más tarde, llegó al Consejo General la noticia de la aprobación de León XIII. Los territorios misioneros en Madagascar y Saskatchewan se convertirían en responsabilidad de los Misioneros de La Salette, sujetos a los términos que aún debían negociarse con los respectivos funcionarios locales.

El año 1898 concluyó en una nota sombría: "El Tesoro ha iniciado procedimientos contra la residencia en Vienne," escribió Perrin en su Carta Circular #4 del 18 de diciembre. "Parece que, aunque fuertemente hipotecada, está a punto de ser confiscada. La falsa Ley de Cuota continúa acumulando multas sustanciales por impuestos no pagados, incluso en las pocas parcelas de tierra que nos vimos obligados a comprar cuando se estaba construyendo la carretera de San José al Santuario."

La ansiedad sobre el futuro de la Comunidad y el destino de sus propiedades en Francia fueron puestas a un de lado por el momento, cuando Constant Glatigny, Marius Michel, y Joseph Moussier fueron ordenados sacerdotes en la Catedral de San José de Hartford el 8 de septiembre de 1899.

Acompañado por Vignon, ahora el Vicario Regional, Jules Morard partió de Hartford hacia el Noroeste de Canadá ese otoño. Los hombres viajaron en tren desde Hartford a Montréal. Un viaje en tren de cuarenta y ocho horas los llevó de Montréal a Winnipeg. De Winnipeg a Arcola, Saskatchewan, fueron otras doce horas. Habiendo viajado varios días a caballo y en calezas, por fin llegaron a Alma, el puesto central de la misión que había sido acordado con Adélard Langevin (1855-1915), O.M.I., arzobispo de San Bonifacio, Manitoba.

Durante la misa celebrada en la Iglesia de tablones de madera el domingo 19 de noviembre, Morard leyó a la feliz congregación el decreto que establecía su parroquia y la dedicó a Nuestra Señora de La Salette. La soledad no sería ajena al pastor misionero en aquella virgen pradera, donde las manadas de búfalos paseaban libremente, el verano quemaba, y el invierno traía ventiscas y violentas tormentas de viento.

Un Tiempo para Desarraigar

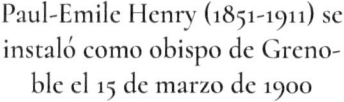

Paul-Emile Henry (1851-1911) se instaló como obispo de Grenoble el 15 de marzo de 1900

Para reducir las costosas reclamaciones del Tesoro, Perrin había transferido los títulos de algunas de las propiedades de la Comunidad a la diócesis. Una artimaña normalmente recurrida por los religiosos, esta práctica se denominó "interposición de personas" y se declaró ilegal. Fava murió el 17 de octubre de 1899. Por ley, la administración de todos los bienes e ingresos diocesanos fue asumida, *sede vacante (el asiento esta vacante)*, por el Estado. Antes de la instalación de Paul-Emile Henry (1851-1911) como Obispo de Grenoble el 15 de marzo de 1900, el gobierno francés había decretado la liquidación en una subasta pública de 4,000,000 francos de propiedad diocesana.

Se pusieron once lotes, incluyendo la tierra y los edificios en San José en Corps y cinco acres de praderas en la pendiente sur del Monte Planeau que el Instituto poseía. (Los terrenos en la Montaña Santa finalmente fueron readquiridas, por falta de un comprador, la propiedad en Corps no había cambiado de dueños.) ¡Perrin estaba menos encantado que nunca con la idea de la resistencia pasiva!

Una nota rápida que envió a Louis Beaup el 20 de marzo de 1900, ofrece la rara visión de un atribulado Joseph Perrin: "Estoy sobrecargado de trabajo. Ahora me voy a Lyons a vigilar nuestra residencia [de Villeurbanne] allá. La propiedad de San José está a la venta. Varios Padres en Vienne y Grenoble no están bien. Buenas noticias de América y Madagascar, al menos."

Escrito el Viernes Santo, 13 de abril de 1900, la Carta Circular #8 de Perrin presenta una lúcida interpretación de los tiempos y llama a la persecución por su nombre. Incluye una exhortación que se inspira profundamente en las fuentes de la espiritualidad de los Misionero de La Salette:

> "No puede haber una interpretación errónea de las tendencias persecutorias de nuestro partido gobernante. Mientras escribimos estas líneas el mismo día de la muerte del Hijo de Dios hecho hombre para la salvación del mundo, sentimos la necesidad de recordar las palabras que el divino Salvador dijo a los apóstoles:"

Interpreta los signos de los tiempos a la luz de las propias palabras de Cristo y anticipa dos certezas: la inevitable persecución y la seguridad de la victoria:

> "El discípulo no es más grande que el maestro. Si me persiguieron, también lo perseguirán a ustedes" (Juan 15:20).

> "No obstante, confíen en mí" (Juan 14:1).

> "Vayan y hagan discípulos de todas las naciones" (Mateo 28:19).

> "Yo he vencido al mundo" (Juan 16:33).

> "Y las puertas del infierno nunca prevalecerán contra mi Iglesia" (Mateo 16:18).

A primera vista, la tercera cita podría parecer intrusiva. Sin embargo, el compendio de versos de la Escritura listados por Perrin desempeña un papel fundamental. Al situarlo en el corazón mismo de su interpretación, Perrin sugiere que, como la persecución no es coincidencia con la difusión del Evangelio, la respuesta adecuada no es una reacción pesimista sino una acción evangélica llena de esperanza: "Vayan, hagan discípulos. ..." No es de extrañar, continúa citando, el paralelo tradicional de La Salette entre la comisión apostólica de Cristo resucitado y la comisión materna de Nuestra Señora a Mélanie y Maximim:

> "Y ésto es también lo que nuestra misericordiosa Madre nos 'dijo dos veces al final de su Aparición: *Bien, mis hijos, ustedes darán a conocer ésto a toda mi gente.*'"

La refracción, se podría decir, sirvió para describir la dinámica básica de La Salette. La Aparición refractó los rayos de luz y las ondas de energía del Evangelio a través del prisma de su mensaje, simbolismo y lágrimas. Esta palabra que libera la verdad iluminó toda una gama de males específicos. En sus doloridas, pero compasivas pronunciaciones, la expresión de La Salette hizo eco fiel del lamento de Jesús por Jerusalén: "¡Si tan solo hubieras comprendido en este día el mensaje de paz! ... No reconociste tu oportunidad cuando Dios la ofreció" (Lucas 19:41, 44).

En esta pintura titulada "Nuestra Señora de la Salette, Reconciliadora de los Pecadores" de M. Barberis, Mary invita a su gente a "dar a conocer este mensaje a todas las personas."

La profecía extiende esta misma compasión divina a cada generación [Santo Tomás de Aquino, *Summa Teológica*, 2a-2ae, q. 174, a.6]: "En cada época no ha faltado el espíritu de la profecía, no para la revelación de nuevas doctrinas de fe, sino para la guía de la acción humana, porque está escrito: 'Cuando la profecía falle, la gente se dispersará' (Proverbios 29:18).

"Sí, Reverendos Padres, sigamos dando a conocer al pueblo cristiano las noticias salvíficas del Evangelio y las enseñanzas de la Aparición celestial; hacerlo no sólo con nuestra predicación y el ingenio dedicado y el celo inquebrantable e iluminado que podría inspirar, sino especialmente por la predicación no menos elocuente y tan fácilmente comprendida del buen ejemplo que damos y las vidas espirituales que estamos viviendo, sin permitirnos estar desilucionados por la maldad del mundo, o por la oposición de cualquier tipo, o incluso por nuestros propios defectos."

Justo como había sido veinte años antes, cuando los primeros decretos del gobierno amenazaban a los religiosos de Francia con la expulsión, la consigna era clara y fuerte: "Predicar a tiempo y destiempo" (2 Timoteo 4:2). Proclamar la palabra de una manera convincente, conmovedora y relevante era más necesaria que nunca. Descansando en un terreno teológico sólido, esta respuesta también comprobó un principio sociológico fundamental: La ideología con la cual un grupo ha negociado una gran transición o superado un gran obstáculo probablemente permanecerá como su doctrina a partir de entonces.

Una prueba severa vendría en julio del próximo año con la aprobación de la Ley de Asociaciones. La cobertura de prensa de su progreso a través del proceso legislativo convenció a Perrin de que la promulgación de esta medida prohibiendo totalmente comunidades religiosas era sólo cuestión de tiempo. Su visita canónica a los Estados Unidos y Canadá, sin embargo, traería el alivio necesario de las preocupaciones apremiantes y una buena oportunidad para respirar el aire de la libertad estadounidense.

Hombre de acción y aventuras, Perrin quedó fascinado—como relató luego con cierto detalle—al ver un rascacielos de treinta pisos en New York; un sacerdote y superior religioso, quedó impresionado por la asistencia a la misa dominical en Danielson, Fitchburg y Hartford y asombrado por la considerable matrícula en la escuela parroquial. Una carta que envió a los Consejeros Generales el 25 de mayo refleja su entusiasmo y emoción:

"Puse un pie en suelo estadounidense hace una semana hoy y

he estado viviendo como un estadounidense. Pensé que el viaje por mar era casi ideal. Cuando el mareo los invadió, nuestros tres escolásticos [Victor Faure (1881-1959), Eugène Veillard (1883-1960) y Albert Rosset (1883-1967)] tuvieron una impresión diferente. Padre Vignon estaba en el muelle para recibirnos cuando llegamos el sábado 19 de mayo. Pasar nuestro equipaje a través de la aduana, nos tomó un tiempo, y como resultado no llegamos a Hartford hasta las 3:00 a.m. ... En todas partes de la ciudad, hay actividad industrial febril. El ferrocarril tiene cinco pistas paralelas y un sistema de tren rápido que procede en todas las direcciones. El pueblo estadounidense, en mi opinión, es serio, trabajador y práctico en su cómodo modo de vida."

El Superior General, radiante de orgullo, se unió a la comunidad de Danielson en Pentecostés, el 3 de junio, mientras la piedra angular de la nueva Iglesia de Santiago fue bendecida por Tierney. Una multitud de 3,000 asistió a la ceremonia. Se hicieron dos sermones, uno en inglés y otro en francés.

Un Tiempo para Dispersar

La Carta Circular #10 del 19 de enero de 1901, registra las oscuras reflexiones de Perrin sobre la inminente aprobación de la Ley de Asociaciones. Una amenazante premonición suscitó la pregunta: "¿Se nos pedirá que bebamos la copa amarga de las lágrimas de la buena Madre?"

"Estos son tiempos difíciles. Repetimos: tiempos difíciles (Efesios 5:16). La supervivencia de nuestra Comunidad está en juego. Ahora es el momento de multiplicar nuestras súplicas y hechos virtuo-

Michael Tierney (1839-1908) se convirtió en el sexto obispo de Hartford el 22 de febrero de 1894

sos. Ahora es el momento de actuar. Con sinceridad le ruego sus generosas oraciones. Eleva tus brazos al cielo e irrumpen sus portales con una violencia santa. Lo que está en juego no es simplemente si se les permite a nuestros Padres continuar ministrando sino el triunfo de la causa de Dios y de la Iglesia de Dios. Está en juego la preservación de todas nuestras Congregaciones religiosas en Francia. El infierno está empeñado en destruirlas por cualquier medio posible. Por las lágrimas de Nuestra Señora de La Salette, te imploramos: los males críticos requieren remedios drásticos."

Dado los fuertes lazos de la Congregación con el Santuario de La Salette, el Consejo General consideró en algún momento la conveniencia de solicitar autorización legal. Con ese fin, la elaboración de un expediente había sido recopilado. Sin embargo, una declaración cortante y autoritaria del Obispo de Grenoble anuló el movimiento. En el transcurso de una discusión que Perrin y Pinardy tenían con él en la residencia episcopal, el obispo Henry le dijo al Superior General [Hostachy, 1946: 418]: "'En su caso, Padre, la autorización es totalmente imposible. De enviar la solicitud, será denegada.' El nuevo Obispo demostró ser no menos cortante que la gélida espada empleada por el Estado."

Resistidas enérgicamente por las congregaciones y aplicadas esporádicamente por el gobierno, las Leyes de Aumento de Impuesto y las Leyes del Impuesto y de Cuota innegablemente fracasaron en alcanzar su objetivo. En octubre de 1899, Waldeck-Rousseau, el Primer Ministro, había introducido una medida diseñada para tratar el obstinado golpe final religioso de Francia. Al restablecer la distinción entre las órdenes autorizadas y las no autorizadas, el Proyecto de Ley de Asociaciones estipulaba que todas las congregaciones debían solicitar autorización o ser expulsadas del país. Sin embargo, no era ningún secreto que la Asamblea Nacional tenía la intención de otorgar autorización legal en los casos más raros.

La Ley de Asociaciones fue aprobada el 1 de julio de 1901.

A fines de julio, la triste noticia fue comunicada a la Congregación: "Después de oración y consulta, el Consejo General ha decidido no solicitar la autorización legal. Los Padres que permaneciesen en Francia serían dispersados. Los otros, junto con los Escolásticos y Apostólicos, se irían a Tournai, Bélgica o a Massongex, Suiza. Los novatos irían a Salmata, Italia."

Seis sacerdotes se quedaron en Francia, dos de los cuales—Casimir Gachet y Jean Angelier (1870-1939)—residieron en l'Hermitage. Esta media docena de hombres continuó llevando a cabo misiones parroquiales como sacerdotes seculares. Los pocos que quedaron, estaban especialmente complacidos de ejercitar el carisma del Instituto en su tierra natal en un momento en que más se necesitaba escuchar el mensaje de Nuestra Señora.

El 20 de septiembre, el Ministerio de Justicia envió un aviso oficial a los fiscales de toda Francia, recordándoles que el período de solicitud de autorización expiraría el 3 de octubre. Las congregaciones no autorizadas que no se habían dispersado ni solicitaron autorización, según la circular, serían inmediatamente sometidas a procedimientos de cierre.

Entre el 21 y el 27 de septiembre, Louis Comte (1860-1934), Eugène Beaup (1866-1929) y Fernand Patarin (1862-1939), junto con unos veinte apostólicos, huyeron en tres pequeños grupos de Grenoble a Tournai. "Moviéndose, maleta y equipaje, entre la estación de Lyon y la estación del Norte ofrecieron a la gente paseando por las calles de París un espectáculo para contemplar. Una comitiva de caballos al trote. El primero, excedido con montones de ropa de cama, mostraba a un sacerdote, un crucifijo colgando de su cintura, apoyándose contra el conductor, estirando su brazo para estabilizar una carga imposible de manejar. Los otros dos mostraba a niños de la pequeña ciudad en su mejor vestimenta dominical, cabello despeinado y los ojos enrojecidos por la falta de sueño o por el llanto, asomándose desde una montaña rusa o tobogán de baúles y maletas" [Jaousen, 1953:116].

Un frecuente peregrino a la Montaña Santa, el amable pastor del Sagrado Corazón en Tournai extendió a estos expatriados la hospitalidad temporal de su centro juvenil parroquial. Los endebles tabiques y una viva imaginación transformaron la sala espaciosa, aunque húmeda y con corrientes de aire, en un seminario: dormitorio, comedor y estudio. Sillas usadas, mesas de caballete, más o menos dos docenas de tocadores, cada uno con un extraño parecido a un barco de vapor, y pilas de libros ligeramente desempacados indicaban el final de un interludio y el inicio de un negocio serio. Sin embargo, una atmósfera de campamento gitano prevaleció. Estos locales improvisados tenían que ser desocupados con regularidad—divisiones desmanteladas y pertenencias personales guardadas—en consideración a la fiesta de cartas semanal de la parroquia.

Con sincero agradecimiento, la Comunidad de Tournai se mudó a un lugar propio veinte meses más tarde, un memorable 29 de abril de 1903.

Poco después del 3 de octubre, el poder judicial local procedió contra todos los establecimientos no autorizados que no habían presentado una solicitud. Las autoridades municipales enviaron un juez de paz para determinar si los religiosos que no buscaban la autorización se habían dispersado. Si se habían ido, el tribunal local nombraba a un liquidador para disponer de la propiedad. Si se descubría que una orden no autorizada no había pedido autorización o abandonado su casa, se consideraba una violación de la Ley de Asociaciones. Entonces se solicitaba una orden judicial y un liquidador designado por el tribunal finalmente se deshacía de la propiedad.

Todas las solicitudes de autorización, el Consejo de Estado había dictaminado, debían presentarse a la Asamblea Nacional como propuestas que cualquiera de las dos cámaras, actuando independientemente, podrían aceptar o rechazar definitivamente. Esto permitió que el gobierno pusiera ante el Senado la media docena de casos que estaba dispuesto a dejar pasar, condenando el resto a la abolición en la Cámara de Diputados.

La mayoría en la Cámara anticlerical se redujo a dieciséis votos, cuando se dieron cuenta que ochenta y unas congregaciones de mujeres serían disueltas por su voto. Honor entre ladrones. Vergüenza entre anticlericales.

La Residencia en Rue Chanrion en Grenoble rindió al estado 64,000

F. en una subasta. La propiedad San José en Corps entró en manos del liquidador. Casimir Gachet y Jean Angelier cumplieron una condena de veinticinco días de cárcel por permanecer en l'Hermitage más allá de la fecha límite del 3 de octubre. Perrin y sus asistentes se mudaron para Massongex en el cantón suizo de Valais, donde establecieron la Casa Generalicia en Exilio de La Salette.

Cuatro años memorables a la cabeza del Instituto habían transcurrido. "Esas leyes abominables y sus devastadoras secuelas" afligieron gravemente a Perrin, pero la insensibilidad del Obispo de Grenoble le dolió profundamente.

A su regreso de la consagración de Henry a principios de 1900, Perrin compartió con un íntimo su primera impresión del nuevo Ordinario: "¡Un niño bueno, pero un niño!" Un sacerdote de la Diócesis de Montpellier, Paul-Emile Henry fue un "hombre brillante, un doctor en teología, un predicador de renombre y un aclamado conferencista de la Universidad de Montpellier. Sirvió con distinción en una variedad de ministerios pastorales, incluyendo el pastorado de la parroquia más grande de la ciudad sede. Se esforzó poco para ocultar sus aspiraciones episcopales. Sus inclinaciones marcadamente republicanas, conocidas en el Ministerio de Cultos, no obstaculizaron su promoción a Grenoble. Un alma tímida e insegura, dependía del consejo de unos pocos selectos y era fácilmente influenciado, persuadido y, a veces, engañado" [Bligny, 1979:236].

Massongex en el cantón suizo de Valais es donde se estableció la Casa General La Salette en el Exilio

La relación entre la Congregación y el sucesor de Fava se puso tensa desde el principio. Uno de los vicarios generales y un abogado de la diócesis habrían puesto al obispo recién instalado contra los Misioneros de La Salette, sugiriendo que habían manipulado sutilmente a su predecesor, estaban compitiendo con el clero secular por donaciones y popularidad, estaban tomando una ventaja fiscal desfavorable de su presencia en la Montaña Santa, y generando apoyo financiero para sus apostolados en todo el mundo a través de las *Crónicas*, una publicación vinculada en la mente de todos con el famoso Santuario diocesano, y recomendando que fuera cauteloso.

En una carta que envió a un amigo personal en diciembre de 1901, Perrin le confió: "En lo que concierne al Obispo Henry, los Misioneros de Nuestra Señora de La Salette están aniquilados. Era inevitable que el grupo que rodeaba a este pobre Pilato algún día gritaría contra nosotros: *"tolle, tolle, crucifige [¡fuera, fuera, crucifícalo]*!"

A medida que pasaba el tiempo, le vino a la mente de que los Misioneros de Nuestra Señora ya no ministraban en su montaña, lo que angustiaba a Perrin. Había pasado treinta y siete años de su vida en el Santuario. Él y su estimado colega Jean Berthier hicieron su noviciado bajo el eminente maestro espiritual de La Salette, Sylvain-Marie Giraud, y tomaron los primeros votos allá arriba el 8 de septiembre de 1865. Él a su vez había servido como maestro de novicios en La Salette, formando a Pierre Pajot y a Louis Sorrel entre otros, a la vida religiosa. Durante casi todo el tiempo que alguien pudo recordar, había cumplido con los deberes de rector, superior, tesorero y supervisor general en el sitio sagrado.

Perrin palideció. La consternación siguió a la incredulidad. Por decreto del 19 de agosto de 1902, el Consejo Federal en Bern se había movido para expulsar a los religiosos que no eran bienvenidos de suelo suizo: "El establecimiento en Suiza de Congregaciones y Órdenes cuyos nombres aparecen en la siguiente lista está prohibido en este país de acuerdo con el Artículo 52 de la Constitución ..." Los Misioneros de La Salette aparecieron en la lista de los desterrados—entre los Cartujos y las Clarisas Pobres, la mejor compañía en cualquier otra circunstancia. La Casa Generalicia en Exilio de La Salette fue transferida provisionalmente a Perugia, Italia.

Un Tiempo para Morir

Enviada desde Italia el 19 de agosto de 1903, la Carta Circular #11 ofreció una respuesta sobre los acontecimientos convulsivos del reciente pasado. El Superior General, que todavía no se había recuperado de los múltiples golpes que el anticlericalismo le había infligido al Instituto, consideró este período trágico en su historia como un tiempo de purificación y depuración divina:

> "¡Grandes y terribles pruebas han caído sobre nuestra querida familia religiosa desde que redactamos nuestra última circular el 19 de enero de 1901! Nuestra expulsión de la Montaña Santa, la disolución y dispersión de nuestra comunidad en Francia, la pérdida de nuestras propiedades, el exilio, nuestra huida a Suiza y luego a Italia, todas estas pruebas que nos llegaron por la divina Providencia permanecerán grabados para siempre como momentos tristes en la historia de nuestra Congregación."

Joseph Perrin, M.S. (1897-1913) fue el cuarto Superior General de La Salette

Cargadas de indignación moral y resentimiento, las palabras de Perrin se vuelven desafiantes en un punto:

> "Ante las puertas del infierno nos retiraremos paso a paso, e incluso entonces, sólo de mala gana."

Un análisis "post-mortem" en forma de preguntas y respuestas sirven para dar conclusión a sus comentarios:

"¿Qué más podríamos haber hecho frente a esas leyes antirreligiosas, leyes que nuestro H. Padre León XIII, de bendita memoria, caracterizó como inicuas y contrarias a la ley natural?

"No podemos hacer más que orar, consultar y actuar de acuerdo a nuestros mejores intereses. Esto es exactamente lo que hicimos cuando optamos por una disolución oficial en Francia, en lugar de consentir con un acuerdo humillante y fútil."

Cuando el Consejo General optó en 1901 por "disolverse oficialmente en Francia," los Misioneros de La Salette habían estado presentes y trabajando en el Nuevo Mundo por casi diez años. Dolorosos esfuerzos, como podría haberse esperado, acompañó este nacimiento. Los aparentes accidentes de la historia habían provocado dolores de parto. El Instituto en expansión conoció de primera mano la dura verdad de lo que el sabio hebreo había recitado de manera tan natural: "Hay un tiempo para todo... un tiempo nacer, un tiempo para morir, un tiempo para plantar, un tiempo para arrancar lo que se ha plantado" (Eclesiastés 3:1-2). El tema del "grano de trigo" (Juan 12:24) había puesto un sello de autenticidad en la anhelada expansión de la Congregación.

La garantía de la libertad religiosa presentaba una obvia ventaja y una buena oportunidad para el desarrollo sin trabas. Esto, nadie lo negaría. Algunos creían, sin embargo, que la tendencia de la comodidad, la conveniencia y el materialismo, que se había convertido en sinónimo de una mentalidad europea con el estilo de vida estadounidense, podía amenazar las dimensiones ascéticas y sacrificiales de la vocación de La Salette. Se mantuvieron instintivamente con aquellos miembros de la jerarquía de los Estados Unidos, quienes no eran nada optimistas en los resultados del encuentro, frente a frente, entre la Iglesia y el espíritu del mundo moderno en suelo estadounidense.

En esta ocasión, se realizó un esfuerzo renovado para asegurar un centro espiritual lo suficientemente fuerte como para resistir las fuerzas centrífugas detectadas y no detectadas que operan en el desplazamiento masivo. La expulsión forzosa de la Montaña Santa aumentó el peso de la preocupación. "Más que un símbolo de su unidad, este santuario ha sido el escenario de la creación continua del Instituto en conversaciones de corazón a corazón con la Madre de los Dolores" [Jaouen, 1953:132]. De ahí la necesidad de considerar la Regla como un acuerdo unificador, expresando una visión compartida y una misión común, para ser observada por la hermandad mundial.

Este objetivo fue lo más importante en mente cuando el Capítulo General se reunió en Villarfocchiardo, Italia, del 2 al 28 de julio de 1903.

En respuesta a las *Normas para Institutos de Votos Simples* emitidos por la Congregación de Obispos y Regulares en 1901, los delegados lucharon una vez más con un proyecto de revisión. Entre las conclusiones y decisiones que alcanzaron, las siguientes parecen ser particularmente notables: se decía que toda la Congregación (en lugar del Capítulo o el Consejo General) buscaba el favor de la aprobación papal para sus Constituciones; la dispersión generalizada de sus miembros fue citada como una razón adicional y apremiante para otorgar esta aprobación: "que, dada su dispersión a todas las partes del mundo en estos tiempos más recientes, todos sus miembros pueden estar más estrechamente vinculados unos con otros y al mismo Instituto mismo."

Para acelerar la tarea de la Curia de revisar y aprobar tales documentos en un momento en que las solicitudes para aprobación pontificia aumentaban, las *Normas* establecían un formato uniforme y estandarizado para la redacción de las Constituciones. Sólo los elementos canónicos constitutivos que eran obligatorios para todos los religiosos podían incluirse en lo sucesivo. Los elementos distintivos, como los textos bíblicos, espirituales e inspiradores propios de cada Instituto, fueron relegados al directorio general.

Despojados de su explícita referencia de La Salette, las *Constituciones* de 1903 sin embargo conservan un marcado enfoque tradicional: *mision*—"...para combatir crímenes contemporáneos" [no. 4] (en consideración a los tiempos, los males clásicos y maléficos se elevaron a crímenes); *espíritu*: "...de oración, penitencia y celo" [no. 5]; *fuente*: "Sus miembros sacan este espíritu de su meditación sobre los sufrimientos de Nuestro Señor y los dolores de la Santísima Virgen María" [no. 6].

El trabajo mayormente de Louis Beaup, maestro de novicios durante cuarenta años, el General Consuetudinario de 1903, proporcionó el componente esencial de La Salette entonces eliminado de las *Constituciones*. El desarrollar la referencia genérica a la meditación en "los dolores de la Santísima Virgen María" [no. 6], por ejemplo, cambia radicalmente el enfoque del lugar histórico de la Visión al corazón del Misionero de La Salette—dondequiera que fuera llamado a ministrar—mientras contempla las tres fases de la Aparición y reflexiona sobre sus implicaciones pastorales.

"Arrancados de sus cunas, exiliados de su Casa Madre, los Padres tendrían que llevar más vívidamente que nunca las semillas de la 'fundación' incluso en sus corazones y hacer eco del mensaje de María desde las alturas de la montaña de su propia ferviente dedicación" [Barrette, 1975:30].

La Ecuación fundamental de La Salette se mantuvo operativa. Reducida a sus términos más simples, esta identificación básica—volviendo a la percepción de Denaz en la década de 1850—significó que, de no haber sucedido la Aparición en La Salette, no habría Misioneros de La Salette. La "continua creación" del Instituto debe surgir ininterrumpidamente de las conversaciones íntimas con Nuestra Señora.

Un discurso pronunciado por un escolástico el 5 de agosto de 1901, el vigésimo quinto aniversario de la fundación de la Escuela Apostólica en Corps, ofrece una rara declaración de la identidad de La Salette y una vision de la militancia misionera a la altura crítica del período de expansión [Misioneros de La Salette, 1902:75-76]:

> "Italia nos dice: Soy el pueblo de María. Francia nos dice: Soy el pueblo de María. Suiza nos dice: Soy el pueblo de María. Escandinavia nos dice: Soy el pueblo de María. África a su vez exclama: Soy el pueblo de María. El inmenso continente americano se une: Soy el pueblo de María.
>
> "En una palabra, todas las naciones reclaman su parte en el legado del Calvario: 'He ahí a tu madre' (Juan 19:27).
>
> "Somos sus acreditados embajadores para todas las naciones.

Y lo que ella nos pide es que trabajemos para erradicar los principales crímenes de nuestros días, que ella misma vino entre nosotros a lamentar. Ahora, no es sólo en la tierra de La Salette donde se viola el descanso dominical, que las leyes de ayuno y abstinencia son pisoteadas, que el santo nombre de Dios es blasfemado. "He aquí, todas las naciones son malvadas y vanas son sus obras" (Isaías 59:6 [Vulgata]). Adaptándolo a nosotros mismos, tomamos el dicho de San Cipriano como nuestro lema: *El Misionero de La Salette puede ser ejecutado, pero nunca se rinde [Missionarius Salettensis occidi potest, vinci non potest].* ¡Entonces, adelante! Con el Evangelio en una mano y el Sermón de la Virgen en la otra, marcharemos mañana para conquistar los pasos de nuestros gloriosos predecesores. Mientras tanto, Estados Unidos, Canadá y Madagascar están llamádola "quien desea ser honrada e invocada en todo el universo" (Letanía de Nuestra Señora de La Salette).

Detalle de "Cristo en la Cruz con María y San Juan" (c. 1457-1460) por Rogier van der Weyden (1399-1464); foto de WikiArt.org

Un Tiempo para Dar a Luz

Después de una ausencia de cuatro años, Pajot regresó a los Estados Unidos en 1902 como visitante canónico. Una década atrás, él y Vignon—sus expectativas alternativamente subiendo y bajando—habían pasado de cancillería en cancillería en busca de una oferta firme. Una década después, los papeles fueron revertidos. Irónicamente, los obispos estuvieron presentando las solicitudes. En una carta que escribió a Perrin el 24 de abril de 1902, por ejemplo, el obispo Paul Larocque de Sherbrooke, Québec, ofreció la parroquia en Stanstead, destacando sus atractivas características: "Además de los ingresos regulares de la parroquia, los Padres podrían predicar misiones en Sherbrooke y en las diócesis vecinas también, lo cual proporcionaría a la comunidad amplios fondos para todas sus necesidades ... Una tarea verdaderamente apostólica que fortalecería la fe de los católicos en esa área traería la posible conversión de muchos protestantes, ... la mayoría de la población, y considerando la cantidad de amigos que harías entre los laicos no sólo en la diócesis, pero entre los canadienses católicos en todas partes, mucho bien se obtendría para tu propia Congregación."

A invitación de John Farley, arzobispo de New York, la Comunidad también se hizo cargo de la Parroquia de San Francisco de Sales en Phoenicia; Vignon se convirtió en su primer pastor de La Salette el 20 de abril de 1902. Había servido felizmente en Catskills sólo unos pocos meses cuando, para su gran desilusión, los deberes de la Administración General lo llamaron de regreso a Europa.

Durante la visita canónica de Perrin a los Estados Unidos en 1900, Thomas Beaven (1851-1920), obispo de Springfield, solicitó la asistencia del Superior General para afrontar un desafío pastoral en particular. A falta de sacerdotes versados en su lengua materna, las necesidades espirituales de la creciente población de inmigrantes polacos en su diócesis no se cumplieron en gran medida. Perrin prometió la ayuda de la Congregación.

Para prepararse para este ministerio especializado en la parte occidental de Massachussetts, cinco misioneros suizos de La Salette, recientemente ordenados en Roma—Joseph Fux (1872-1913), Oswald Loretan (1876-1964), Salomon Schalbetter (1873-1934), Francis Schnyder (1872-1929) y Gabriel Van Roth (1875-1941)—fueron enviados a Polonia para familiarizarse con su herencia de fe y sus costumbres

Algunos La Salettes que fueron a servir en Polonia (de izquierda a derecha) : Oswald Loretan (1876-1964), Francis Schnyder (1872-1929) y Gabriel Van Roth (1875-1941)

religiosas, mientras dominaban su idioma. Llegaron a Cracovia el 16 de septiembre de 1902 y se establecieron allí con los Vicentinos, sus atentos anfitriones y pacientes tutores durante dos años.

A los dos meses de la inmersión total en su programa, lo esencial del lenguaje parecía difícil de aprender [Misioneros de La Salette, 1903:22]: "Todos gozamos de buena salud, pero nuestro polaco avanza con bastante lentitud. De hecho, aún no entendemos nada de lo que se lee en el comedor. Esto no es muy alentador." Fux y Loretan llegaron a Hartford el 20 de diciembre de 1904. El 22 de diciembre, se encontraron con Beaven, y una semana más tarde, su nueva y ardua adquisición de conocimientos se puso a prueba cuando se hicieron cargo de la Parroquia de San María en Ware, Massachussetts.

El 5 de octubre de 1902, Etienne Cruveiller asumió el pastorado del Sagrado Corazón en Stanstead, Québec, a unas pocas millas al otro lado de la frontera de Derby Line, Vermont. No mucho tiempo después de haberse instalado, los Misioneros de La Salette decidieron comprar una gran cuadra detrás de la iglesia con la intención de construir en un futuro un seminario como el de Hartford.

Hijo nativo de Les Ablandins, y por lo tanto un hombre con dos profundos lazos con La Salette, Clément Moussier partió de Hartford a finales del otoño de 1902 para Sur América. Llegó a Santos, Brasil, el 18 de diciembre y comenzó a servir como capellán de las Hermanas de San José de Chambéry y de los pacientes que vivían en el leprosario. Dos años más tarde, fue nombrado párroco de la Parroquia Santa Ana en São Paolo, donde también abrió una residencia La Salette, la siembra de la semilla de mostaza de la Provincia de la Inmaculada Concepción. El desplazamiento de Francia a los Estados Unidos ahora había dado lugar a un desplazamiento desde los Estados Unidos, una ramificación temprana. Robusto y abundante, el retoño se había convertido en un tallo principal.

Una década después de su llegada a América, los Misioneros de Nuestra Señora de La Salette dieron forma a un patrón de obras apostólicas que replicaron el patrón establecido en Francia a lo largo de los años: formación educativa, misiones parroquiales, retiros a los religiosos, misiones extranjeras, centros y publicaciones promoviendo la devoción a la Virgen Reconciliadora. La evidente diferencia—y una adición notable—es la administración y el cuidado pastoral de las parroquias.

Iglesia de Santa Ana, nuestra parroquia y santuario de La Salette en São Paulo, Brasil

En 1852, de Bruillard había designado sacerdote parroquial en La Salette a uno de los tres miembros fundadores del grupo misionero diocesano. En cuestión de meses Denaz, por el bien de la vida comunitaria y la oración, abandonó la casa parroquial y se unió a sus hermanos en la montaña.

No cabe duda de que emplear personal para una parroquia era una parte importante de la propuesta de La Salette que Pajot y Vignon presentaron a obispo trás obispo en el año 1892. Dos años más tarde, cuando el Obispo Beaven de Springfield, hizo un firme ofrecimiento de la parroquia de San José en Fitchburg, el Capítulo

General estaba en sesión.

En base del estado misionero de los Estados Unidos, el aumento acelerado en el número de parroquias, la escasez de clérigos que dominesen los idiomas de los inmigrantes católicos, el foro perfecto para impartir el mensaje de reconciliación y las fuentes de ingresos que las parroquias proveerían, el Consejo Regional creó un caso sólido para incluir el ministerio parroquial entre los apostolados de la congregación. El Capítulo votó su aprobación, modificando las Constituciones a este efecto y añadiendo la condición: "en la medida en que sea necesario para alcanzar el fin apostólico del Instituto" (Regla de 1894, 1, 1, no. 9), dando a entender que de alguna manera se estaba haciendo una concesión o excepción.

Un artículo completo en la edición de diciembre de 1902 del *Boletín*, "La Salette en América: Una Reseña de la Devoción a Nuestra Señora de La Salette," informó en términos elogiosos sobre el éxito de la estrategia [Misioneros de La Salette, 1902:345-347]:

> "La Salette era conocida en el Nuevo Mundo antes de la llegada de los Misioneros, pero desafortunadamente por medio de publicaciones periódicas y libros que cuestionaron su autenticidad. No es raro, particularmente en Canadá, conocer a las mejores personas y, a veces, incluso a los santos religiosos, que están convencidos de que La Salette ha desaparecido, aniquilada por los golpes de sus oponentes. En menos de diez años, los Padres han abierto seis residencias en América del Norte; naturalmente, cada uno de estos centros está haciendo que la Reina de los Alpes sea conocida y amada. En Hartford trabajan en una parroquia irlandesa y operan una escuela apostólica con un cuerpo estudiantil de cuarenta niños. Para todos los propósitos prácticos, Hartford sirve como la sede de la devoción estadounidense a Nuestra Señora. El pasado mes de septiembre, los tres grupos de estatuas tradicionales fueron colocados en una capilla lateral de la Iglesia de Nuestra Señora de los Dolores para representar la escena completa de la Aparición con la mayor precisión posible. Un panorama pintado, reproduciendo fielmente las montañas de La Salette,

proporcionaba un trasfondo apropiado."

Las consideraciones sobre la prudencia humana podrían haber sugerido que la misión en el lejano Saskatchewan se aplazaría hasta que la propia fundación estadounidense descansara en un terreno más estable y hubiera más personal capacitado disponible. La universalidad del mensaje de La Salette, la lectura paralela del mandamiento de Cristo a los apóstoles y de las palabras de María a los jóvenes pastores de ganado, sin embargo, hizo que la presencia de La Salette en esa inmensidad indomable fuera imprescindible. Morard trabajó allí, sólo, por más de un año, a pesar de situaciones enormemente retadoras, como Perrin reconoció en su Carta Circular #9, escrita el 6 de octubre de 1900, a su regreso de la primera visita canónica a Canadá y los Estados Unidos:

> "Deseamos hacer un especial homenaje de alabanza y admiración al padre Jules Morard, pastor misionero de Alma. El Ordinario, el mismo Arzobispo Langevin, me dijo que se necesitaba un hombre de heroísmo genuino para establecer una parroquia en un distrito tan remoto y difícil. Como el Buen Pastor de las almas, él se ha dedicado al cuidado espiritual y temporal de su rebaño, disperso en un área de más de cien millas de largo. "

p. Jules Morard, M.S. (1867-1954) pastor misionero en Alma, Saskatchewan

Una invaluable respuesta a las necesidades de las diócesis de rápido crecimiento de los Estados Unidos y Canadá, un enriquecedor escape para el celo sacerdotal de los hombres, apreciada raíz axomorfa (primaria) de contribuciones e ingresos, las parroquias de La Salette también funcionaron como centros de alcance misionero y como centros, o pequeños santuarios, para difundir la devoción a María como Reconciliadora de los pecadores.

La predicación tenía un lugar de honor entre ellos. Sirvió como un hilo unificador a través de lo que estaban haciendo los Misioneros de Nuestra Señora. Mientras que sus sermones requerían una marca personal y permitían un toque individual, la predicación no era una iniciativa completamente individualista. El repertorio del grupo de la misión enumeró cuarenta temas para ser tratados en una secuencia recomendada. Las Constituciones estipulaban que cada una de las regiones debería elaborar sus propias normas para misiones y retiros, "recordando a los Misioneros las tradiciones y costumbres de la Congregación adaptadas a las circunstancias locales."

El General Consuetudinario para Misiones describe con cierto detalle el estilo en que las instrucciones debían ser emitidas. Diseñadas para compensar abusos comunes, estas órdenes parecían haber sido eliminadas de cualquiera de los manuales en moda en ese momento. Sin embargo, en una inspección más cercana, revelan una metodología fielmente basada en el enfoque de María en su Aparición.

"En sus sermones, los Misioneros pretenden ser simples y enérgicos." Ninguna barrera o distancia en la forma de posturas oratorias debía interponerse entre el orador y su audiencia: "Evitan cuidadosamente la elegancia estudiada, la pretención, las oraciones largas." El mensaje debe ser contundente—convincente y relevante: "… carente de trivialidad y de estereotipos." Un abuso del poder que confiere el ministerio de la palabra, el enojo no debía tomarse por contundencia: "Evitan cualquier muestra de indignación, rencor o impaciencia."

El lenguaje concreto, tan característico del discurso profético, también se insistía insistentemente: "Evitan las expresiones que son abstractas o demasiado técnicas." La palabra predicada a menudo se reforzaba con el uso de gráficas: de pie sobre un fondo de picos alpinos, las diversas fases de la Aparición evocaban los contornos bien definidos de la intervención de María en 1846. Este enfoque verificó la descripción esencial del carisma profético: la voluntad concreta de Dios hablada por el mensajero viviente de Dios en una situación concreta de espacio-tiempo.

Ajustarse al ritmo activo y atareado de la vida en Estados Unidos exigió poco esfuerzo por parte de los pioneros. Siempre había mucho que hacer en Francia, y pocas manos disponibles para hacerlo. Un enfoque francamente práctico y espontáneo de las cosas puede haber requerido algo de aprendizaje, pero estos hombres estaban decididos a hacer cosas en América al estilo americano. [Duggan, 1930:175]:

> "Los Padres de La Salette aparentemente están comprometidos con un programa de progreso intensivo. Están conscientes de las oportunidades que ofrece este país. En interés de su comunidad, publican una revista mensual que tiene al respecto, junto con su inevitable sabor de ascetismo, un matiz de americanismo avanzado que no se puede esperar en un periódico que toma su inspiración original de un baluarte continental tan conservador como Grenoble, Francia. Si se comprometen a comenzar una granja debe ser de acuerdo con los métodos más progresivos. Cuando en una comunidad de hermanos franceses "fuera de los Estados Unidos" el agricultor estadounidense no debe tener una desconfianza respecto a la capacidad de sus superiores para absorber lo que es mejor y más sensato en la vida social y política del país."

Maurice McAuliffe
(1875-1944),
el octavo obispo
de Hartford, Connecticut

Los Padres y Hermanos, que se establecieron en Hartford desde el principio—aunque rara vez, si alguna vez, lo dijeron en pocas palabras—no se consideraban inmigrantes entre los inmigrantes, sino Misioneros en América, Misioneros de Nuestra Señora en América. Aceptaron voluntariamente sus costumbres, el idioma y las formas de las vidas consagradas al escenario del Nuevo Mundo. Instintivamente se adhirieron al principio del "asimilacionismo" defendido por el apóstol Pablo: "Me hice todo para todos (gente)..." (1 Corintios 9:22b).

De todo corazón abrazaron la propuesta de fusión; su misión trascendió todas las fronteras nacionales y las rivalidades étnicas. En lo que respecta a la implantación del Instituto en los Estados Unidos, la preocupación de la rama estadounidense de la Congregación, sus propias raíces, su patrimonio e identidad como franceses se desvanecieron.

En los comentarios preparados que ofreció al final de la Misa del Quincuagésimo Aniversario celebrada en la Capilla del Colegio La Salette el 9 de julio de 1942, Maurice McAuliffe (1875-1944), el octavo obispo de Hartford, rindió homenaje a estos valientes Fundadores de La Salette en términos que ellos mismos habrían encontrado comprensible [Misioneros de La Salette, septiembre de 1942: 169]:

"Estos heroicos hombres vinieron a este país, no como extraños y extranjeros—eran uno con la continua línea de valientes misioneros europeos que abrieron camino para la difusión del Evangelio en esta tierra y construyeron la Iglesia primitiva en América mucho antes que este país hubiera ganado el estado independiente."

Reflexión

Escritura: 2 Timoteo 4: 6-8 (Recompensa por fidelidad)

"Porque yo ya estoy para ser derramado como una ofrenda de libación, y el tiempo de mi partida ha llegado. He peleado la buena batalla; he terminado la carrera; he guardado la fe. En el future me está reservada la corona de la justicia que el Señor, el Juez justo, me entregará en aquel día, y no sólo a mí, sino también a todos los que aman su venida.".

Preguntas para Reflexionar:

La Aparición de La Salette ha sido descrita por los eruditos bíblicos como "la aparición más bíblica." Por eso, las Hermanas, los Hermanos y los Padres de La Salette, así como los laicos que han viajado de cerca y que han ministrado junto a La Salettes, pueden identificarse con la Escritura cuando dice: "Estos son tiempos difíciles" (Efesios 5:16). Quizás también hayan soportado muchos desafíos, pero puedan descansar bien al final de su vida y decirle a San Pablo: "Porque estoy siendo derramando como una libación, y el momento de mi partida está a la mano. He competido bien; he terminado la carrera; he mantenido la fe" (2 Timoteo 4: 7).

- ¿Qué cruz que has llevado por el amor de Dios?

- ¿A quién conoces que pudo haber dicho como San Pablo al final de su vida: "He competido bien; he terminado la carrera; he mantenido la fe"?

Oración:

María, Madre del pueblo de Dios, tu viaje con tu propia comunidad de La Salette ha sido largo y desafiante. Como laicos y religiosos que están profundamente arraigados en el mensaje y la misión de La Salette, deseamos alabar a Dios por darnos como Reconciliadores de los pecadores.

Tus palabras duraderas y el ejemplo que nace de nuestra experiencia ante la Aparición en La Salette son dones profundos recibidos de Dios y por los cuales estamos verdaderamente agradecidos. Que sigamos difundiendo su mensaje a toda su gente, inspirados por la persistencia y dedicación de los Misioneros de La Salette -- anteriores y presentes.

Te lo pedimos por tu intercesión amorosa y por la gracia de tu Hijo que vive con el Padre y el Espíritu Santo, un solo Dios, por los siglos de los siglos. Amén.

Jaculatoria:

Nuestra Señora de la Salette, Reconciliadora de los pecadores, ruega siempre por nosotros que recurrimos a ti.

Capítulo Siete—El Pasado y el Futuro de Nuestro Presente

El Pasado de Nuestro Presente

Ralph Waldo Emerson (1803-1882), un ensayista estadounidense, conferenciante, filósofo, y poeta ; foto: Scewing

Estas reflexiones sobre nuestra historia en el cambio de siglo dejan mucho sin decir; dejan muchos cuentos fascinantes no contados. Si hay algo de verdad en la afirmación de Ralph Waldo Emerson de que "no hay historia propiamente, sino sólo biografía," un recuento detallado y una lectura consciente de la historia de cada uno de los fundadores de La Salette en suelo estadounidense serían ampliamente recompensados. En el dominio restringido de esta crónica, sus logros apenas se bosquejan; sus vidas religiosas y duraderas contribuciones apostólicas a nuestra historia siguen siendo una evocación pálida.

Como seres con un límite de tiempo, el nuestro es una conciencia tridimensional que abarca el pasado, el presente y el futuro. Consciente o inconscientemente, siempre asociamos recuerdos de nuestro pasado con esperanzas y temores por el futuro de nuestro presente.

Todavía no hemos llegado—por favor, Dios—al final de nuestra historia, pero todavía estamos luchando. Confiamos en que las lecciones de nuestra impresionante experiencia podrían servir para señalar nuestro problemático presente hacia la promesa de su futuro. Si hubiera seguido su curso, el recorrido total de nuestra historia podría ser narrado de principio a fin; y por supuesto, estaríamos en condiciones de evaluar la importancia de cada parte para el conjunto. Tal como están las cosas, debemos descifrar las piezas de nuestro pasado y desentrañar su significado fragmentario.

"El pasado nunca está muerto. Ni siquiera es pasado," declara un personaje en *Intrusos en el Polvo* de William Faulkner. Nuestro pasado, entonces, está con nosotros todavía. ¿Es nuestro un pasado utilizable? ¿Qué nos puede enseñar? ¿Cómo ha condicionado nuestro presente? ¿Qué podría augurar para nuestro futuro? Si queremos encontrar respuestas a estas preguntas, primero debemos reclamar e identificarnos con nuestro pasado, como *pasado* y *como nuestro* pasado. Encontrar y entender el pasado en sus propios términos no es una empresa fácil.

No vivimos tanto en un lugar y tiempo como lo hacemos en la percepción de un lugar y tiempo. Nuestra imagen del mundo en el que vivimos, de la Congregación en cuyas filas servimos al mundo, es aparentemente imparcial y objetiva. La subjetividad colorea cualquier evaluación que hagamos de los hechos más empíricos de nuestra experiencia reciente. Esto es más cierto aún de nuestra evaluación del pasado.

La historia establece su almacén de datos más o menos neutrales y verificables bajo ¿Quién? ¿Qué? ¿Cuándo? y ¿Dónde? por ejemplo: fechas, decisiones, eventos, nombres, lugares, movimientos y tendencias, registros escritos y declaraciones. El deslizamiento hacia lo subjetivo ocurre desde el principio, sin embargo, como el historiador reconoce el ¿Por qué? Las pasadas suposiciones, certezas, modos de pensar, motivaciones y sistemas de valores pasados resultan ser mucho más elusivas.

Si tan solo pudiéramos volver al 1902, digamos, y escuchar a escondidas las instrucciones de una misión parroquial en Wauregan, un sermón dominical en Fitchburg, una clase en el Colegio La Salette en Hartford, y una reunión animada del Consejo Regional. Mejor aún, ¡qué estimulante e informativo sería sentarse e intercambiar puntos de vista fraternos sobre La Salette, reconciliación, con cualquiera de los hombres intensamente comprometidos a quien estos recuerdos podrían haber despertado su inactiva memoria!

Sin embargo, hay una continuidad entre nuestro presente y nuestro pasado. Nuestro pasado y presente están estrechamente vinculados. Estos vínculos nos llegan bajo diferentes formas: continuidad institucional, actitudes persistentes, creencias tradicionales, fortalezas y debilidades heredadas, características y rasgos "genéticos" (dominantes y recesivos) y las consecuencias perdurables de decisiones anteriores (acciones y omisiones).

La discontinuidad también es una realidad porque el cambio, paradójicamente, es una constante. Inevitablemente, el cambio ayuda a todo desarrollo y crecimiento, todo pasa a través del tiempo. Sin embargo, seguimos siendo más conscientes de la discontinuidad que de la continuidad entre el presente y el pasado, aunque, por la sencilla razón de que sabemos más—y de una manera más viva y convincente—acerca de nuestro propio tiempo y mundo que hacemos, o podemos, sobre un tiempo y un mundo anterior. Este desequilibrio inevitablemente desvía nuestro intento de abrazar los vínculos entre el pasado y el presente. Sobredetermina nuestro esfuerzo en la dirección de preocupaciones actuales, conciencia y presuposiciones a medida que decidimos qué es y qué no es relevante para la investigación. Por lo tanto, fue esencial para nuestro propósito que escucháramos ciertas voces del pasado, con detalle, a fin de establecer un contexto, lo más auténtico y amplio posible, para los puntos de vista que ellos expresan.

Mientras el Capítulo General de mayo de 1891 exploraba las posibilidades y calculaba los riesgos de una fundación del Nuevo Mundo, León XIII emitió la célebre Encíclica, *Rerum Novarum*, que marcó el comienzo de la era de la Iglesia en el mundo moderno. Los tiempos, como el Papa los estudiaba con espanto, estaban marcados por el espíritu de la revolución, el vuelco de tronos y el derrocamiento de las estructuras económicas y políticas. Presagiaban una crisis en el orden espiritual. Ya no ejerciendo su dominio, las antiguas certezas, regímenes y valores habían sido desechados. No podría haber vuelta atrás. Le correspondía al creyente infundir estas "cosas nuevas" con las persistentes verdades de la fe e iluminar estas nuevas realidades con la luz del Evangelio.

Papa Juan Pablo II (1980)

En la encíclica que publicó el 1 de mayo de 1991, en conmemoración del centésimo aniversario de *Rerum Novarum*, Juan Pablo II nos invita a "mirar hacia atrás [a las 'cosas nuevas' que abordó su antecesor y contra las cuales se esforzaron nuestros antepasados], a mirar alrededor a las 'cosas nuevas' que nos rodean y en las que nos encontramos atrapados, ... y mirar hacia el futuro en un momento en que ya podemos vislumbrar el tercer milenio de la era cristiana, tan lleno de incertidumbres pero también con promesas" [*Centesimus Annus*, no. 3]. Una oportuna invitación, ajustada a nuestra celebración centenaria de la llegada a América de los primeros misioneros de nuestra Señora de la Salette y apropiadamente adaptada a la encrucijada en la que nos encontramos ahora.

El Futuro de Nuestro Presente

El almacén de nuestro pasado—como afirma el desarraigo desgarrador pero confiado de 1892—está bien provisto de adversidad y resolución, estancamiento e imaginación, dilema y decisión. En una economía de palabras, evocadora y resonante con la verdad, el Santo Padre articula lo que nosotros mismos sentimos tan fuertemente: nuestro futuro tiene las mismas medidas de incertidumbre y promesas, de vacilación y esperanza.

Un siglo atrás, bajo la nubosidad de sus propios tiempos, los hombres de La Salette observaron el brillo en la montaña. Fieles a la regla cardinal de su vida, que los desafió a ver los sucesos actuales en su luz misericordiosa, abrigaron la convicción de que, pase lo que pase, la luz brilla aún más intensamente porque irrumpe desde las sombras.

Al final de este siglo XX, *Centesimus Annus* se une a cada predicador del Evangelio con la "regla del acontecimiento actual" que durante mucho tiempo ha sido la base de la espiritualidad del Misionero de La Salette y que sostiene su teología pastoral: "... parte de la responsabilidad de los pastores es dar considerar cuidadosamente los eventos actuales para discernir los nuevos requisitos de evangelización" [no. 3]. Un recordatorio pertinente. No puede dejar de dar una respuesta acorde. Aunque la historia puede no ser tan transparente como nos gustaría, tampoco es completamente opaca.

Ni al juego de niños ni enigma de la Esfinge, esta eterna llamada a examinar los acontecimientos contemporáneos exige clarificación. Si está siendo propuesto como indispensable para la evangelización en este momento, no puede ser una tarea tentadora sino absolutamente imposible. Esta descripción simple y directa ofrecida por Richard John Neuhaus, autor de *El Momento Católico*, tal vez ayude a poner este imperativo a nuestro alcance: "Cada momento en el tiempo está igualmente cercano al propósito de Dios, y el propósito de Dios está igualmente cercano a cada momento. Debemos leer los signos de los tiempos para discernir las obligaciones, los límites y las oportunidades de nuestro momento" [Neuhaus, 1989:283].

Podemos estar seguros de que la evangelización a finales del siglo XX incluirá un empuje decididamente contracultural. Ya para el año 1975, Pablo VI (1897-1978) identificó a la evangelización como una transformación de la cultura: "La división entre el Evangelio y la cultura es sin duda el drama de nuestros tiempos. ... Lo que importa es evangelizar la cultura humana y las culturas... de una manera vital, en profundidad, y hasta las mismas raíces" [*Evangelii Nuntiandi*, no. 20].

¿Qué—debemos realmente desear saber—está proporcionando las energías que motivan y mueven a la gente a quienes dirigimos nuestra predicación, ya sea en forma hablada, escrita o a través del testimonio? ¿Qué proporciona a la gente sus "criterios de juicio, valores determinantes, puntos de interés, líneas de pensamiento, fuentes de inspiración, y modelos de conducta" [Pablo VI, *Evangelii Nuntiandi*, no. 19]?

"Es la cultura y no la política, ni la economía, ni la ciencia, ni la tecnología como tal," indica Thomas E. Clarke astutamente, "lo que proporciona las energías más profundas que forman el curso de la historia" [Clarke, 1984:414]. Una cultura abarcadora y abrumadora anuncia su evangelio secular y renueva sus promesas humanísticas de plenitud y felicidad cada día. ¿Quién puede afirmar honestamente no ser un cómplice sumiso?

Como dice la Ecuación tradicional: Si Nuestra Señora no hubiese aparecido en La Salette, no hubiera Misioneros de Nuestra Señora de La Salette... ni en los Estados Unidos ni en ningún otro lugar. ¿Se relaciona este indiscutible enlace con la Aparición—extrínseca y accidentalmente—con el origen histórico de la Congregación o, se relaciona—intrínseca y esencialmente—para su continúa existencia y la revitalización en curso? ¿Qué implicaciones podría tener esta ecuación para nosotros hoy? ¿Cómo podría la Aparición, como una intervención Mariana profética, asistirnos en esta etapa a discernir "los nuevos requerimientos de la evangelización"?

Si el mensaje de genuinas revelaciones privadas en comparación con, y subordinado a, la revelación pública recibe poca atención y se le asigna menor importancia, surge la pregunta, como señaló Karl

(desde la izquierda) Karl Rahner, S.J., (1904-1984) y Edward Schillebeeckx, O.P. (1914-2009) fueron teólogos venerados que ampliaron y profundizaron nuestra visión de nuestra fe católica; foto de Rahner: Jesromtel; foto de Schillebeeckx: Hans van Dijk/Anefo

Rahner, "si todo aquello que Dios revela puede ser 'sin importancia'" [Rahner, 1963:25) o, como mismo dijo Edward Schillebeeckx, "si tal vez Dios podría estar diciéndonos algo que deberíamos saber ya" [Schillebeeckx, 1964:192]. El enigma se ha manejado generalmente distinguiendo entre "nuevas doctrinas" y "nuevas reglas."

Schillebeeckx elaboró, más detalladamente, que, en el caso de una revelación privada, "el contenido dogmático y moral de la fe es confrontado a situaciones actuales, en las que es 'necesario' para Dios, en amor, hacer conocer la voluntad de [de Dios] de una manera excepcional y carismática ... Siempre hay en las circunstancias concretas de nuestras vidas un elemento ambiguo que, especialmente en tiempos de necesidad espiritual, nos deja elegir entre varios cursos de acción" [Schillebeeckx, 1964:193]. Esos valientes teólogos, que se han aventurado a tratar revelaciones privadas de una manera más que superficial, las han situado directamente en el terreno de la profética llamada a la acción, y han enfatizado que, aunque todas las sutiles profundidades de la psicología entran en juego en estas revelaciones, Dios toma acción directa en ellas" [Schillebeeckx, 1964:192].

Deberíamos preguntarnos: ¿Por qué dichas "nuevas reglas," mediadas por apariciones en respuesta a momentos críticos en la historia, rara vez van más allá de las prácticas devocionales? ¿Dónde la Aparición proyectó su luz más indagante de la profecía? ¿Sobre las transgresiones morales que enumeró de forma específica? ¿Sobre la frecuencia e impunidad con la que se estaban cometiendo? ¿Sobre las incursiones y alicientes de una cultura altamente irreligiosa?

Nuestra lectura de la Buena Nueva de que Dios está del lado de los pobres y nos pide que corrijamos los errores de la explotación y la opresión debería hacernos preguntar si los campesinos empobrecidos y sufridos del sudeste de Francia fueron, de hecho, seres señalados en La Salette como los objetos principales de la ira del cielo. En el escalón más bajo de una reestructuración económica inepta y a medias en su nación, ellos eran pecadores contra quienes se pecaba, víctimas de la no-intervención del gobierno y marionetas de la injusticia del sistema.

"En 1846, debido al excesivo calor de verano y la sequía, los cereales y la cosecha de granos y forraje de cereal sufrieron graves daños. Luego, en el otoño, las fuertes lluvias y las inundaciones pusieron en peligro las fortunas de los agricultores en todas partes. La escasez de trigo incitó los intereses comerciales a eliminar la mayor parte de ello del mercado. A medida que el suministro disminuyó, precios más altos significarían una buena ganancia. El costo del pan se aumentó; los escasos recursos que tenían, las personas lo gastaban en alimentos básicos. Los fabricantes de ropa se vieron obligados a despedir a su fuerza laboral; la tasa de desempleo aumentó" [Tudesq, 1978:392].

Los críticos han señalado acertadamente que, si bien las principales apariciones Marianas—en la medida en que los videntes fueron elegidos, en su mayoría, de las filas de los analfabetos e impotentes—reflejan una prioridad evangélica, su interpretación tradicional y la devoción privatizada ha fomentado la búsqueda del llamado correlativo a la acción transformadora [Pope, 1985:195]: "Si las apariciones tuvieron una misión profética, sólo alcanzaron una nota social y política. Aunque las visiones parecían humildes, nunca llevaron un mensaje de transformación social o sugirieron que el ámbito de María o la venida de Cristo significaba la superación de la explotación o la opresión."

¿Puede un llamado general a la penitencia y la oración, expresado en términos casi abstractos, esperar verificar la definición esencial de profecía? ¿No debería este llamado a la conversión identificar los males que son específicos de una cultura y tiempo en particular y recomendar remedios concretos? John Cogley escribió: "En ningún lugar de la Iglesia el clero ha estado más cerca de su gente que en los Estados Unidos. Donde han fallado, el fracaso quizá se debió en gran parte al hecho de que eran demasiado cercanos y proporcionaban un reflejo demasiado claro de un pueblo que no sólo era fielmente católico, pero sin duda alguna, americano" [Cogley, 1973: 248]. ¿Podría haber algo de verdad en su perspicaz comentario?

¿Cómo deberían los evangelizadores descifrar la bondad de la creación de Dios y las huellas del mal radical en los complejos aspectos de su propia cultura? Sin tal sensibilidad, ¿puede el evangelizador proclamar convincentemente el poder transformador de la gracia de Dios en una situación particular?

En 2012 se ofició la misa del Capítulo General con un grupo de todo el mundo de La Salettes en el Santuario en Attleboro, Massachusetts

Continúa la búsqueda de una teología creativa y a la vez sólida, teología de revelaciones privadas que respetará la diferencia radical entre la revelación pública normativa y las revelaciones post-apostólicas, al mismo tiempo validando lo significativo y necesario de esta última, en y para la Iglesia.

Tal como lo han demostrado estas páginas, los Misioneros de Nuestra Señora siempre respondieron a las crecientes oleadas de intolerancia religiosa e influencias secularizadoras con un renovado compromiso con su misión de predicación. En su lucha contra los males contemporáneos identificables, parece que nunca han considerado ningún cambio drástico en su enfoque básico o la adopción de un apostolado sustancialmente nuevo. En el apogeo de la embestida anticlerical, por ejemplo, bien podrían haberse dirigido directamente a los modeladores de las actitudes públicas—los profesores, legisladores, periodistas, cuyo efecto sobre los valores y la espiritualidad de Francia estaba causando estragos. Podrían haber lanzado una campaña masiva de redacción de cartas, buscar capellanías universitarias, reunir obreros mal pagados y descontentos, haber escrito obras críticas con tendencias políticas humanísticas o haber publicado artículos que advirtieron que la fe perdida nunca podría recuperarse.

Como se señaló aquí, se abstuvieron de hacer sonar la trompeta apocalíptica, del pesimismo o de las terribles predicciones del mensaje público de La Salette. Ni un solo hombre entró al campamento Melanista, intentando por medio de imágenes morbosas de los últimos tiempos llevar en estampida almas aterrorizadas de nuevo a la iglesia y a los brazos de un Dios amoroso.

No nos sorprende del todo, entonces, que su experiencia de primera mano con las inquietudes y problemas peculiares de la Iglesia estadounidense no haya provocado un cambio dramático en el enfoque pastoral y haya conducido a una innovación ministerial relativamente pequeña por parte de los primeros colonos de La Salette en los Estados Unidos. Las necesidades especiales de los pobres y desempleados, de los inmigrantes y los trabajadores en huelga fueron satisfechas dentro de las estructuras parroquiales existentes.

p. Antoine Jolivet, M.S.
(1853-1928)

Qué males específicos de aquel momento enfrentaron aquellos hombres, desde el primer instante, es difícil de determinar. Ciertamente, no faltaron católicos caídos a su alrededor, o de feligreses en Danielson, Fitchburg, Hartford que faltaran a Misa. Pero el claro contraste entre la ferviente práctica religiosa que encontraron en este país y su triste rechazo en Francia indudablemente les dio un breve y reconfortante alivio.

Poco después de su nombramiento en Fitchburg como coadjutor, Antoine Jolivet (1853-1928) compartió su asombro con los suscriptores de Francia [Misioneros de La Salette, 1902:155]:

> ¡Qué diferencia entre este país y Francia! Aquí, en un censo parroquial de 3,700 católicos canadienses, menos de diez de los hombres no cumplen con su deber de Pascua. ... Tenemos cuatro Misas el domingo y la iglesia está llena en cada una de ellas. Predicamos en todas las misas, pero el sermón es un poco más largo en la Gran Misa. La iglesia, que tiene capacidad para 900 personas, está llena de gente para la Víspera

cantada a las 4:00 p.m. Muy pocos niños asisten para hacer espacio para los adultos, entre los cuales hay una buena cantidad de hombres y jóvenes.

En circunstancias normales, los Misioneros de Nuestra Señora de La Salette bien podrían haber establecido eventualmente una fundación del Nuevo Mundo. El hecho de que la persecución determinó el momento de nuestro establecimiento en América es una parte misteriosa de nuestra historia. Un movimiento audaz por parte de hombres de fe en tiempos dolorosos y peligrosos sigue siendo una parte convincente de nuestra herencia. Su convicción de fe, de que las invasiones sutiles del mal sólo se pueden enfrentar con un renovado compromiso con el Evangelio del amor misericordioso, es la parte más valiosa de su legado.

Al acercamos a la siguiente curva de la vía de nuestra historia, leemos los signos de nuestro tiempo para discernir "las obligaciones, los límites y las oportunidades de nuestro momento." Ministros de sanación espiritual de una libertad lisiada, construyendo sobre lo que es auténticamente humano y potencialmente cristiano en nuestra cultura y en los espacios de la sana resistencia que nuestras vidas consagradas ofrecen a sus excesos, que podamos proporcionar—en la palabra que predicamos, en el ministerio que hacemos, y en la comunidad que compartimos—una visión diferente y ejemplos concretos de una vida moderna, humana y cristiana.

Su regreso una y otra vez al ministerio de la palabra no delata ni falta de creatividad ni pérdida de valor por parte de aquellos que vinieron de esta manera antes que nosotros. Explica una fidelidad rara y notable a la misión. Siempre ansiosos por anexionar campos misioneros en casa y en el extranjero, siempre dispuestos a viajar por el circuito de avivamiento parroquial para conseguir una audiencia más amplia para las Buenas Nuevas de Cristo y las "grandes noticias" de María, tales hombres dieron crédito a ambas aceptaciones del título Misionero.

El carisma de profecía los mantuvo en su control divino. En tiempos y situaciones cambiantes, les correspondía el sagrado deber de alertar al Pueblo de Dios sobre la verdadera naturaleza del peligro que su libertad demanda cuando elige excluir u olvidar a Dios.

Reflexión

Escritura: Mateo 16: 24-28 (Las condiciones del discipulado)

"Entonces Jesús dijo a sus discípulos: 'Si alguno quiere venir en pos de mí, niéguese a sí mismo, tome su cruz y sígame. Porque el que quiera salvar su vida, la perderá; pero el que pierda su vida por causa de mí, la hallará. Pues ¿qué provecho obtendrá un hombre si gana el mundo entero, pero pierde su alma? O ¿qué dará un hombre a cambio de su alma? Porque el Hijo del Hombre ha de venir en la gloria de su Padre con sus ángeles, y entonces recompensará a cada uno según su conducta. En verdad os digo que hay algunos de los que están aquí que no probarán la muerte hasta que vean al Hijo del Hombre venir en su reino.'"

Preguntas para reflexionar:

- ¿Cuándo tu creciste en la fe adulta, creyendo en el Señor por ti mismo y (no por lo que tus padres)?

- ¿Qué persona o evento en tu vida te ayudaron a creer más firmemente?

Oración:

María, primer discípula de Jesús, tu ejemplo de apertura al llamado de Dios para ser el Hijo de la Madre de Dios es un momento característico en la historia de la humanidad. Su continuo ejemplo de preparación para hacer la voluntad de Dios es evidente en los grandes eventos de nuestra historia cristiana.

Ayúdanos, en tu amorosa bondad, a reflejar tu fe y ejemplo en todo lo que decimos y hacemos. Que podamos absorber y vivir tu mensaje compartido en La Salette y ser ministros dedicados de la reconciliación y embajadores de Cristo, su Hijo.

Te lo pedimos por tu intercesión amorosa y por la gracia de tu Hijo que vive con el Padre y el Espíritu Santo, un solo Dios, por los siglos de los siglos. Amén.

Jaculatoria:

Nuestra Señora de La Salette, Reconciliadora de los pecadores, ruega siempre por nosotros que recurrimos a ti.

Fuentes Bibliográficas

Acomb, Evelyn Martha, *The French Laic Laws (1879-1889). The First Anticlerical Campaign of the Third French Republic*. New York: Octagon Books. [1941] 1967.

Barrette, Eugene G. M.S., *A Search into the Origins and Evolution of the Charism of the Missionaries of Our Lady of La Salette*. Roma: Missionaries of Our Lady of La Salette, 1975.

Bassette, Louis, *Le Fait de La Salette*. Paris : Editions du Cerf. 1955.

Berthier, Jean, M.S., *L'Oeuvre des vocations á La Salette*. Grenoble : Baratier et Dardelet, 1884.

Bligny, Bernard, *Le Diocèse de Grenoble, Histoire des Dioceses de France #12*. Paris : Editions Beauchesne, 1979.

Clarke, Thomas E., S.J., "To Make Peace, Evangelize Culture", in *America* (vol. 150, no. 21), June 2, 1984.

Cogley, John, *Catholic America*. New York: The Dial Press, 1973.

p. Jean Berthier, M.S. (1840-1908), fundador de los Misioneros de la Sagrada Familia

Dansette, Adrien, *Histoire religieuse de la France* contemporaine.

I. *De la Révolution a la Troisième République (1789-1879)*. Paris : Flammarion, 1948.

II. *Sous la Troisième République (1879-1939)*. Paris : Flammarion, 1951.

Debidour, Antonin, *L'Eglise catholique et l'état sous la Troisième République (1870-1889)*. Paris : Alcan et Guillaumin, 1906-1909.

Doheny, William J., C.S.C. & Kelly, Joseph P. (eds.) *Papal Documents on Mary*. Milwaukee: Bruce Publishing, 1954.

Duggan, Thomas S., *The Catholic Church in Connecticut*. New York: The States History Company, 1930.

Galton, Arthur, *Church and State in France 1300-1907*. New York: Burt Franklin, [1907] 1972.

Giraud, Sylvain-Marie, M.S., *Le Livre des Exercices spirituels de Notre-Dame de La Salette*. Curtet, Jean, M.S. (ed.). Grenoble : Editions de la Revue des Alpes, [1863] 1946.

Gleason, Philip, *Keeping the Faith: American Catholicism Past and Present*. Notre Dame, IN: University of Notre Dame Press, [1987] 1989.

Greeley, Andrew M., *The Catholic Experience: An Interpretation of the History of American Catholicism*. Garden City, NY: Doubleday, 1967.

Guilday, Peter (ed.), *The National Pastorals of the American Hierarchy (1792-1919)*. Washington, DC: National Catholic Welfare Council, 1923.

Hennesey, James, S.J., *American Catholics: A History of the Roman Catholic Community in the United States*. New York: Oxford University Press, 1981.

Hostachy, Victor, M.S., *Histoire séculaire de La Salette: Un siècle d'or: 1846-1946*. Grenoble : Editions de la Revue "les Alpes," 1946.

Hostachy, Victor, M.S., *Les Missionnaires de La Salette*. Paris: Letouzey et Ané, 1930.

p. Victor Hostachy, M.S. (1885-1967), un destacado hombre de letras, ha escrito muchos libros de historia, misiones y miembros de los Misioneros de La Salette

Ireland, John, *The Church and Modern Society: Lectures and Addresses*.

Chicago, Ilinois: D. H. McBride, 1897.

Jaouen, Jean, M.S., *Les Missionnaires de La Salette*. Paris : Bernard Grasset, 1953.

Jaouen, Jean, M.S., *Sylvain-Marie Giraud (1830-1885): Missionnaire de Notre-Dame de La Salette*. Roma: Conseil Général des Missionaires de Notre Dame de La Salette, 1985.

Jedin, Hubert (ed.), *History of the Church: Volume IX. The Church in the Industrial Age*. New York: Crossroad. 1981.

Kselman, Thomas A., *Miracles and Prophecies in Nineteenth Century France*. New Brunswick, NJ: Rutgers University Press, 1983.

Liptak, Dolores Ann, R.S.M., *Immigrants and Their Church*. New York: Macmillan Publishing Company, 1989.

Marty, Martin E., *Modern American Religion: Volume I. The Irony of It All 1893-1919*. Chicago, IL: University of Chicago Press. 1986

McManners, John, *Church and State in France, 1870-1914*. New York: Harper and Row, 1972.

McManners, John, *Lectures on European History 1789-1914. Men, Machines and Freedom*. Oxford: Basil Blackwell, 1966.

Missionnaires de La Salette, *Crónicas de Notre-Dame de La Salette*. 1re série. Grenoble : Maisonville et fils, 1865-1901.

Missionnaires de La Salette, *Bulletin des Missionnaires de La Salette*. 1re année, n. 1-62e année, n. 603. Tournai-Grenoble: 1902-1963.

Missionaries of La Salette. *Our Lady's Missionary*. Altamont, NY: 1939-1950.

Moynihan, James H., *The Life of Archbishop John Ireland*. New York: Harper & Brothers, 1953.

Neuhaus, Richard John, *The Catholic Moment: The Paradox of the Church in the Postmodern World*. San Francisco: Harper & Row, 1989.

Novel, Charles, M.S., *Du Corps des Missionnaires diocésains a l'actuelle Congrégation des Missionnaires de Notre-Dame de La Salette.* Rome: Missionnaires de La Salette, 1968.

O'Donnell, James H., *History of the Diocese of Hartford.* Boston, MA: D. H. Hurd Company, 1900.

Purtin, Malcolm O., *Waldeck-Rousseau, Combes and the Church: The Politics of Anticlericalism, 1899-1905.* Durham, NC: Duke University Press, 1969.

Perko, F. Michael, S.J., *Catholic & American: A Popular History.* Huntington, IN: Our Sunday Visitor, 1989.

Phillips, Charles Stanley, *The Church in France 1848-1907.* New York: Russell & Russell, [1936] 1967.

Pope, Barbara Corrado, "Immaculate and Powerful: The Marian Revival in the Nineteenth Century" in Atkinson, Clarissa W. et alii (eds.) *Immaculate & Powerful. The Female in Sacred Image and Social Reality.* Boston, MA: Beacon Press. 1985.

Rahner, Karl, S.J., *Visions and Prophecies: Quaestiones Disputatae #10.* New York: Herder and Herder, 1963.

Rumully, Robert, *Histoire des Franco-Américains.* Montreal : L'Union Saint-Jean-Baptiste d'Amérique.,1965.

p. Jean Stern, M.S,. es felicitado por el Papa Juan Pablo II por su publicación de "La Salette: Documents authentiques" (3 volúmenes)

Schillebeeckx, Edward F. O.P., Mary, *Mother of the Redemption*. New York: Sheed and Ward. [1954] 1964.

Shirer, William L., *The Collapse of the Third Republic: An Inquiry into the Fall of France in 1940*. New York: Simon and Schuster, 1969.

Stern, Jean, M.S., *Constitutions et Règlements anciens des Missionnaires de Notre-Dame de La Salette*. Roma : Missionnaires de La Salette, 1968.

Tudesq, André-Jean, "La France romantique et bourgeoise 1815 1848" in Duby, Georges (gen. ed.) *Histoire de la France*. Paris : Librairie Larousse, 1978.

Will, Allen S., *The Life of Cardinal Gibbons. Volume I*. New York: Dutton, 1922.

Zeldin, Theodore, *France 1848-1945. Volume I: Ambition, Love and Politics*. Oxford: Clarendon Press, 1973.

Cronología

1846

Sábado, 19 de septiembre: la Aparición en La Salette de la Virgen María a Maximin Giraud, de 11 años, y Mélanie Calvat, de 14 años, en la ladera del Monte Planeau (aproximadamente 6.000 pies de altura), mientras observaban su rebaño de vacas, no lejos de la aldea de La Salette.

20 de septiembre: primer relato escrito (la narrativa de Pra).

1847

Invierno de 1846: la hambruna, iniciada en 1845, ahora se desata en Europa. Controversias en la prensa. Preguntas importantes sobre la Aparición—las narraciones de Logier, Bez, Long y Lambert—son expuestas.

19 de septiembre: al menos 30.000 peregrinos van a la montaña.

Noviembre-diciembre: el obispo Philibert de Bruillard preside las ocho reuniones de la comisión de investigación canónica sobre la verdad de La Salette.

1848

Revolución en Francia: levantamientos en toda Europa.

1849

Ya se han inscrito 15,000 peregrinos en la Confraternidad de Nuestra Señora de La Salette, Reconciliadora.

1850

September 25: Maximin conoce a Jean-Baptiste-Marie Vianney, T.O.S.F. (1786 1859), el Curé de Ars.

1851

La controversia surge sobre los "secretos" dados a cada uno de los niños por Nuestra Señora.

19 de septiembre: el Obispo de Bruillard publica la Declaración Doctrinal: la Aparición es auténtica; el culto público está autorizado; una iglesia será construida en el sitio de la Aparición.

1852

1 de mayo de 1852: el obispo Philibert de Bruillard publica su segunda carta pastoral, fundando así los Misioneros de Nuestra Señora de La Salette.

10 de mayo: Llegada a La Salette de François-Michel Sibillat (1815-1870), anterior coadjutor en La Tronche.

14 de mayo: Llegada a La Salette de Pierre-François Denaz (1811-1857), anterior pastor de Saint-Jean d'Herans.

20 de mayo: Llegada a La Salette de Bernard Burnoud (d. 1865), anterior pastor de Corbelin.

25 de mayo: Colocación de la primera piedra del santuario en La Salette y la fundación Misionera Diocesana de La Salette.

Julio: Corps. Philibert de Bruillard renuncia como Obispo de Grenoble.

1 de noviembre: Llegada a La Salette de Pierre Archier (1815-1899).

9 de diciembre: Jacques-Marie-Achille Ginoulhiac (1806-1875) fue nombrado Obispo de Grenoble.

21 de diciembre: El Obispo de Bruillard anuncia que su renuncia por razón de edad avanzada ha sido aceptada.

26 de diciembre: El nombramiento de Jacques-Marie-Achille Ginoulhiac (1806-1875) para suceder a de Bruillard como Obispo de Grenoble es anunciado oficialmente.

1853

23 de abril: Philibert de Bruillard entra en su retiro en el convento de las Religiosas del Sagrado Corazón in Grenoble, suburbio de Montfleury. El obispo Ginoulhiac publica una Declaración Doctrinal que confirma las decisiones del obispo de Bruillard y refuta las objeciones de la oposición.

1 de mayo: Ginoulhiac recibe consagración episcopal en Montpellier.

7 de mayo: Ginoulhiac es instalado en la Catedral de Notre Dame de Grenoble.

9 de agosto: Ginoulhiac hace su primera visita a la Montaña de La Salette.

1855

4 de febrero: Se dedica la Capilla anexa a la Residencia La Salette en Rue Voltaire en Grenoble.

1856

Mayo: Archier es nombrado superior de los Misioneros de La Salette en Corps.

1858

27 de enero: Retiro de la Comunidad.

2 de febrero: Albertin, Archier, Berlioz, Bossan, Buisson and Petit profesan sus primeros votos de manos de Ginoulhiac en la capilla de la residencia del obispo en Grenoble.

11 de febero: Primera de las apariciones en Lourdes.

16 de julio: Décimo octava y última aparición en Lourdes.

13 de noviembre: Sylvain-Marie Giraud (1830-1885), un sacerdote de la Arquidiócesis de Aix-en-Provence, se une a los Misioneros de La Salette.

1860

2 de febrero: Giraud hace sus primeros votos.

15 de diciembre: Muerte de Philibert de Bruillard a la edad de noveinta y cinco años.

1861

20 de octubre: Giraud comieza a escribir *El Libro de los Ejercicios Espirituales de Nuestra Señora de La Salette.*

1862

Febrero: Giraud es nombrado maestro de los novicios.

1865

2 de febrero: Giraud es electo Superior General, mientras continúa como maestros de novicios.

10 de junio: Giraud funda *Las Crónicas de Notre-Dame de La Salette*; la primera edición alcanza 1,000 suscriptores.

1868

December 8: Comienza el Primer Concilio Vaticano, convocado por el Papa Pío IX (1792-1878).

1869

8 de abril: Bernard Bernard (1821-1895) es nombrado Prefecto Apostólico de Noruega y Lapland con residencia en Trondheim, Noruega.

1870

2 de marzo: Ginoulhiac es promovido a arzobispo de Lyons.

5 de marzo: Pierre-Antoine-Justin Paulinier (1815-1881) sucede a Ginoulhiac.

27 de junio: Ginoulhiac es instalado como arzobispo en la Catedral de St-Jean en Lyons.

2 de septiembre: Napoleón III (1808-1873) se rinde a los prusianos en Sedan. La Guerra Franco-Prusiana llega a su fin. Cae el Segundo Imperio.

4 de septiembre: A la cabeza del grupo revolucionario, Léon Gambetta (1838-1882) declara la Tercera República.

5 de septiembre: Paulinier es instalado como obispo de Grenoble.

20 de octubre: First Vatican Council adjourned.

1871

17 de enero: Aparición en Pontmain.

febrero: La mayoría monárquica es elegida a la Asamblea Nacional.

18 de marzo: La Guerra Civil de la Comuna de París, una insubordinación de los parisianos radicales contra la Asamblea Nacional pro-monárquica, comienza.

mayo: En una semana de sangrienta pelea callejera, 130,000 tropas aplastaron al movimiento Comunero.

24 de mayo: Georges Darboy (1813-1871), arzobispo de París, es arrestado por la Comuna y fatalmente herido mientras bendecía a sus ejecutores.

September 17: Se funda la primera Congregación de las Hermanas de La Salette.

1872

27 de julio: La Asamblea Nacional pasa una ley de reclutamiento universal. Gracias a la mayoría monárquica, los seminaristas son exentos del servicio militar.

1875

March 1: Maximin Giraud, testigo de la aparición de La Salette, muere en Corps.

3 de agosto: Amand-Joseph Fava (1826-1899), obispo de Martinica, es nombrado a la Sede de Grenoble, sucediendo a Paulinier, quien fue nombrado de Besançon.

18 de noviembre: Fava es instalado como obispo de Grenoble.

1876

El obispo Fava le pide a los Misioneros que escriban nuevas Constituciones.

29 de enero: Giraud renuncia a la posición de Superior General un año antes de expirar su cuarto término.

29 de enero: Capítulo General de los Misioneros de La Salette.

10 de febrero: Pierre Archier es electo Superior General.

Febrero: Las elecciones generales les dan a los republicanos una sólida mayoría en el parlamento.

14 de febrero: Primera de las apariciones en Pellevoisin.

13 de junio: Fava hace su primer peregrinaje a La Salette, subiendo la montaña a pie desde Corps.

4 de agosto: Paul Bert (1833-1886) introduce un proyecto de ley revisando la Ley del Ejército de 1872 y eliminando todas las exenciones del servicio militar.

5 de agosto: Apertura de la Escuela Apostólica de La Salette en Corps.

Octubre: Las elecciones generales traen a los republicanos una victoria aún más contundente.

8 de diciembre: Decimoquinta y última aparecíón en Pellevoisin.

1877

El Papa Pío IX invita al Obispo Fava y al Padre Henri Berthier a buscar la aprobación de las Constituciones por el Vaticano.

1878

20 de febrero: Elección para el papado de Gioacchino Pecci (1810-1903), León XIII.

15 de marzo: Jules Ferry (1832-1893), Ministro de Educación, presenta un exhaustivo Proyecto de Ley de Reforma Educativa al cual se adjunta, como cláusula adicional, el Artículo Séptimo: "A nadie se le permitirá dirigir una escuela de ningún tipo, ya sea pública o privada, ni participar en ninguna clase de enseñanza que sea miembro de una comunidad religiosa no autorizada"; cuyo intento deja evidentemente claro: "cerrar esas instituciones donde se enseña a los estudiantes a ser contrarrevolucionarios y aprender a odiar y condenar las ideas que son el orgullo y la razón de ser de la moderna Francia."

4 de agosto: ando a la renovación del pensamiento filosófico católico en base de un Tomismo revivido.

8-9 de octubre: El Capítulo General Extraordinario se reúne para discutir la posibilidad de encargarse de la Misión de Noruega y exigir el estado pontífice del Instituto.

21 de noviembre: En Castellammare di Stabia, Italia, Mélanie Calvat (1831-1904) escribe un folleto titulado *Las Apariciones de la Más Bienaventurada Virgen en la Montaña de La Salette*, que incluye una larga versón de su "secreto."

27 de noviembre: Se firma la petición formal para el estado pontífico.

30 de noviembre: Fava endorsa el documento; junto con una copia de las Constituciones, se envió a la Congregación Sagrada de Obispos y Regulares en Roma.

1879

Enero: Los republicanos controlan la Presidencia y la Cámara de Diputados.

15 de enero: Capítulo General de los Misioneros de La Salette.

2 de febrero: En la presencia de Fava, los siguientes hicieron profesión perpetua: Archier, Henri Berthier, Jean Berthier, Buisson, Chapuy, y Perrin. Archier es reelecto superior general.

6 de marzo: La Congregación *de Propaganda Fide* le confía el campo misionero de Noruega a los Misioneros de La Salette.

18 de abril: Decreto laudatorio emitido por la Congregación de Obispos y Regulares confiere el estado pontificio al Instituto *ad experimentum.*

25 de abril: Bernard recibe el crucifijo de La Salette en la Montaña Santa y comienza su "noviciado."

27 de mayo: Noticias de la atribución del estado pontificio es recibido en todas las residencias La Salette con el cántico *Te Deum*.

9 de julio: La Cámara de Diputados vota para aprobar el Artículo Siete.

Agosto: Abre la Escuela Apostólica en Rue Chanrion en Grenoble.

20-21 de agosto: La iglesia en La Salette es consagrada y elevada a la dignidad de una básilica menor.

21 de agosto: Solemne coronación de la estatua de la Virgen Reconciliadora por Hippolyte Guibert (1803-1886), O.M.I., arzobispo de París y Enviado Papal para la ocasión.

15 de noviembre: Publicación con el *imprimatur* de Salvatore Zola (1822-1898), obispo de Lecce, Italia, del "secreto" de Mélanie Calvat.

1880

9 de marzo: El Senado rechaza el Artículo Siete.

29 de marzo: Los bloqueos de la Cámara de Diputados con la legislación significó hacer cumplir leyes de letras muertas en contra de las comunidades religiosas.

18 de junio: Una ceremonia de partida de la misión, en honor al primer contingente de Noruega, se lleva a cabo en la Montaña Santa.

29 de junio: Expulsión de los Jesuitas.

6 de julio: Bernard profesa sus primeros votos como Misionero de Nuestra Señora de La Salette.

2 de agosto: La decisión del Concilio General de buscar refugio para los escolásticos fuera de Francia.

30 de agosto: Negociaciones secretas entre Charles Lavigerie (1825-1892), arzobispo de Algiers y agente de León XIII y el primer ministro francés Charles de Freycinet (1828-1923) para obtener autorización legal a cambio de una declaración jurada de que los religiosos no se involucren en política fue frustrada cuando *La Guyenne*, una publicación monárquica de Bordeaux, maliciosamente publica un informe sobre la conversación clandestina. Un obispo monárquico ultramontano tiene la presunta responsabilidad.

Octubre: El Estado cierra forzosamente 261 casas religiosas y dispersas 5,643 hombres y mujeres religiosos.

Noviembre: A cinco congregaciones de hombres se les concede autorización legal: Los Hermanos La Salle, los Vicentinos, los Sulpicianos, la Sociedad de Misión Extranjera de París y los Espiritanos.

9 de diciembre: Se propone una enmienda a la Ley de Aumento de Impuesto para el presupuesto de 1881.

28 de diciembre: La Ley de Aumento de Impuesto se convierte en ley.

1881

28 de mayo: En una votación de 331 a 126 votos, la Cámara de Diputados promulga una Ley del Ejército eliminando todas las exenciones, pero proveyendo que los maestros de escuelas públicas y clero ordenado tenían que servir en el ejército sólo un año.

15 de octubre: Exodo de los Escolásticos de La Salette a Loèche, Suiza.

Noviembre: Ante el horror de la Derecha, Gambetta es nombrado primer ministro.

1882

Enero: En un acto final como primer ministro, Gambetta ofrece su apoyo a tres años de deber militar obligatorio sin excepción alguna. Sólo doce diputados se oponen a la supresión de exenciones en nombre de la religión.

Marzo: El Senado pide las excepciones habituales.

Diciembre: Muerte de Leon Gambetta.

1883

Agosto: Ferry respalda la idea del apaciguamiento Iglesia-Estado en sus propios términos: "Hemos reducido el clero y las órdenes religiosas a la sumisión, estamos imponiendo obediencia a los jueces. Ahora podemos seguir una política moderada."

23 de octubre: René Waldeck-Rousseau (1846-1904) presenta una medida para otorgar el derecho de voto a todas las asociaciones de derecho consuetudinario, excepto aquellas "entre extranjeros y ciudadanos franceses" (es decir, comunidades religiosas).

1884

21 de diciembre: El revivido Proyecto de Ley de Aumento pasa en la cámara 393 a 89.

28 de diciembre: En votación 155 y 90, el Senado ratifica la Ley de Aumento de Impuesto de 1884.

1885

8 de enero-2 de febrero: Capítulo General de los Misioneros de La Salette.

28 de enero: Se reanuda el debate sobre la Ley del Ejército. La Cámara de Diputados se enfoca en un solo controversial artículo: "los miembros de las congregaciones masculinas deben servir en el ejército."

25 de febrero: Muerte por ahogamiento de Henri Berthier.

30 de marzo: El Proyecto de Ley del Ejército pasa 171 a 100 en la Cámara. El primer, Jules Ferry, mantiene la intención de asegurar un protectorado francés sobre Indochina, donde los misioneros católicos son aliados útiles. La Cámara ataca implacablemente sus políticas y lo derroca cuando se entera de la evacuación de Longsan, Vietnam, entonces bajo ocupación francesa. Charles de Freycinet, primer ministro por tercera vez sucede a Ferry y declara "¡la cuestión religiosa permanecerá latente!"

22 de agosto: Muerte de Sylvain-Marie Giraud.

1887

12 de julio: El Senado reestablece las exenciones que la Cámara de Diputados había eliminado.

Bernard renuncia como Prefecto Apostólico de Noruega.

1888

6 de abril: Por decreto oficial, Fava confía el cuidado pastoral del Santuario a los Misioneros de Nuestra Señora de La Salette.

16 de abril: La Santa Sede confirma el decreto episcopal de Fava de abril 6.

20 de junio: León XIII publica la Encíclica *Libertas prœstantissimum donum*, definiendo la naturaleza y límites de la libertad humana, reconociendo tolerancia.

1889

8 de julio: El acercamiento a las elecciones generales y el cambio de humor del electorado francés presionaron a la Cámara a aceptar 306 a 162, la versión del Senado del Proyecto de Ley del Ejército.

15 de julio: La Ley del Ejército toma efecto. "Después de un año de servicio y entrenamiento militar obligatorio, lo siguiente está exento de otros deberes militares: en tiempo de paz—... hombres jóvenes que hayan obtenido o estén estudiando para la licencia o el doctorado, seminaristas de iglesias establecidas, si se convierten en ministros antes de los veintiséis años de edad; en tiempo de guerra estudiantes de medicina y estudiantes eclesiásticos tienen que servir como profesionales de la salud."

1890

14 de mayo: Aprobación definitiva del Instituto es conferida por decreto de la Sagrada Congregación de Oblispo y Regulares.

1891

1-29 de mayo: Capítulo General de los Misioneros de La Salette. Auguste Chapuy (1826-1907) es elegido Superior General.

15 de mayo: León XIII publica la Encíclica *Rerum Novarum*.

1892

Los Misioneros de La Salette se retiran de Noruega.

8 de junio: Pierre Pajot (1860-1928) y Joseph Vignon (1861-1912) visitan La Montaña Santa para encomendar su viaje y misión al Nuevo Mundo bajo la protección de la Madre Llorosa.

18 de junio: Pajot y Vignon zarpan de Liverpool a bordo del SS Labrador.

2 de julio: El *SS Labrador* llega a puerto en Québec.

9 de julio: Pajot y Vignon celebran misa en la festividad de Nuestra Señora de los Prodigios en la Catedral de San José en Hartford, Connecticut; ellos tuvieron una conversación con el Rector de la Catedral, William H. Harty (1845-1902), quien hace arreglos para que se reúnan con Lawrence S. McMahon (1835-1893), el Ordinario local.

12 de agosto: Después de haber escuchado el voto favorable de los consultores episcopales, McMahon da la bienvenida a los Misioneros de Nuestra Señora de La Salette para establecerse en la Diócesis de Hartford.

19 de septiembre: Una misa es ofrecida por primera vez por la Comunidad de La Salette en la Residencia de McFarland, su nueva casa.

1893

febrero-marzo: Los Misioneros de La Salette llevan a cabo sus primeras misiones parroquiales en los Estados Unidos: Jewett City, Stafford Springs, and Wauregan, Connecticut.

15 de agosto: Etienne Cruveiller (1874-1945), Henri Galvin (1874-1962), y Constant Glatigny (1873-1905) profesan sus primeros votos.

21 de agosto: Muerte de Lawrence S. McMahon.

1894

22 de febrero: Michael Tierney (1839-1908), Pastor de Santa María en New Britain, Connecticut, es consagrado como sexto Obispo de Hartford.

3-15 de julio: En Francia en negocios, Vignon le reporta personalmente a Chapuy y al Consejo General el extraordinario progreso de la Fundación Americana.

7 de octubre: En una ceremonia bien concurrida, la primera piedra del futuro Colegio La Salette en la Avenida New Park es bendecida por Tierney.

11 de octubre: Los Misioneros de Nuestra Señora de La Salette asumen los deberes pastorales de San José en Fitchburg, Massachussetts.

13 de noviembre: Durante una audiencia privada, León XIII aprueba el proyecto de vocaciones tardías presentado por Jean Berthier (1840-1908).

1895

11 de enero: El Concilio General autoriza a Berthier a seguir su proyecto, el Instituto de los Misioneros de la Sagrada Familia.

Marzo: El Primer Ministro, Alexandre Ribot (1842-1923), somete una

Ley de Cuota de Impuesto, pidiendo un porcentaje de 0.30 F del valor capital de toda propiedad que pertenecía a los religiosos a ser recaudado anualmente.

23 de mayo: Los Misioneros de Nuestra Señora se encargan de la Parroquia Nuestra Señora de los Dolores en Hartford, Connecticut.

Septiembre: Jean Berthier establece la casa madre de los Misioneros de la Sagrada Familia en Grave, los países bajos.

19 de septiembre: En el aniversario número cuarenta y nueve de la Aparición, El Colegio de La Salette en la Avenida New Park en Hartford es inaugurada.

16-22 de noviembre: Conducido por el Canciller General Jean-Claude Villard (1845-1907), toma lugar la primera visita canónica a Estados Unidos.

3 de diciembre: Los Misioneros de La Salette asumen el pastoreo de la Parroquia Santiago en Danielson, Connecticut.

1896

Una casa de estudios de La Salette se funda en Roma.

El número de Hermanas La Salette aumenta a 150.

1897

5 de octubre: Capítulo General de los Misioneros de La Salette.

15 de noviembre: Joseph Perrin (1836-1913), es electo Superior General. Pajot es nombrado Vicario del Superior General para la región de Estados Unidos.

1898

Mayo: Pajot regresa a Francia para asumir funciones como Canciller y

Secretario General. Vignon es nombrado Vicario del Superior General para la Región de Estados Unidos.

19 de julio: La Carta Circular #3 de Perrin declara que la Comunidad ha sido multada por no pagar la cuota de la Ley de Impuestos.

16 de septiembre: El Colegio La Salette en Hartford, Connecticut, abre sus puertas a los primeros jóvenes americanos que reclutan los La Salette.

1899

2 de enero: Muerte de Pierre Archier.

21 de junio: El Gobierno de Waldeck-Rousseau se formó.

17 de octubre: Muerte de Amand-Joseph Fava.

19 de noviembre: Jules Morard (1867-1954) celebra la primera misa dominical en la nueva parroquia de Nuestra Señora de La Salette en Alma, Saskatchewan.

1900

24 de febrero: Paul-Emile Henry (1851-1911) es nombrado obispo de Grenoble.

13 de abril: La Carta Circular #8 de Perrin exhorta a la Congregación a ferviente súplica y a un renovado compromiso de su carisma en tiempo de persecución.

18 de mayo: Perrin llega a Hartford para comenzar su primera visita canónica en Estados Unidos y Canadá.

3 de junio: Bendición de la primera piedra de la nueva Iglesia de Santiago en Danielson.

1901

19 de enero: La Carta Circular #10 declara que la supervivencia del Instituto y de todas las congregaciones religiosas en Francia están en juego.

1 de julio: La Asamblea Nacional pasa la Ley de Asociaciones.

a finales de julio: El Consejo General comunica la decisión de que la Congregación no buscará autorización legal.

15 de septiembre: Una ceremonia de despedida se llevó a cabo en la Capilla de Nuestra Señora de La Salette en Rue Chanrion en Grenoble.

20 de septiembre: El Ministro de Justicia notifica a los fiscales públicos a través de Francia que el período para someter las peticiones para autorización expiraría el 3 de octubre.

21 de septiembre: Exodo de los Apostólicos a Tournai, Bélgica.

octubre: Casimir Gachet (1864-1941) y Jean Angelier (1870-1939) cumplen una sentencia de treinta y cinco días de cárcel por no abandonar l'Hermitage antes de la fecha límite del 3 de octubre.

El General-en-Exilio de La Salette se establece en Massongex, Suiza.

1902

20 de abril: Los Misioneros de Nuestra Señora se hacen cargo de la Parroquia San Francisco de Sales en Phoenicia, New York.

24 de abril: Paul Larocque, el obispo de Sherbrooke, invita a los Padres de La Salette a emplear personal en la Parroquia Sagrado Corazón en Stanstead, Québec.

19 de agosto: El Consejo Federal en Bern actúa para expulsar a las congregaciones religiosas que no son bienvenidas de suelo suizo.

El General-en Exilio es transferido provisionalmente a Nocera, Italia.

16 de septiembre: Cinco nuevos suizos ordenados Misioneros de La Salette se establecen en Cracovia para estudiar polaco.

18 de diciembre: Clément Moussier (1860-1919) llega a Santos, Brazil.

1903

29 de abril: La Escuela Apostólica Tournai se muda del refugio temporero del Centro Juvenil de la Parroquia Sagrado Corazón a una residencia propia.

2-28 de julio: El Capítulo General en Villarfocchiardo, Italia.

20 de julio: Muerte de León XIII.

4 de agosto: Elección para el papado de Guiseppe Sarto (1835-1914), San Pío X.

19 de agosto: La Carta Circular #11 de Perrin ofrece un vistazo de los recientes eventos convulsivos y su devastador efecto en la Comunidad en Francia.

1904

30 de julio: Las relaciones diplomáticas entre Francia y el Vaticano se rompen.

19 de diciembre: Mélanie Calvat muere en Altamura, Italia (cerca de Bari).

20 de diciembre: Joseph Fux (1872-1913) y Oswald Loretan (1876-1964) llegan a Hartford.

22 de diciembre: Fux y Loretan se reúnen con el Obispo Beaven de Springfield.

29 de diciembre: Fux y Loretan se hacen cargo de la Parroquia Santa María en Ware, Massachussetts.

1905

1 de noviembre: El noviciado americano es transferido de Hartford,

Connecticut a Stanstead, Québec.

9 de diciembre: Se aprueba la Ley de Separación de Iglesia y Estado.

11 de diciembre: La Ley de Separación es promulgada. El Concordato de 1801 es derogado.

1912

29 de junio: La Sagrada Congregación de Religiosos emite una declaración en el sentido de que "los Padres deben ser llevados de nuevo a La Salette, como es su derecho, tan pronto como lo permitan las circunstancias."

1913

15 de marzo: Muerte de Joseph Perrin.

Agosto: Pierre Pajot es electo Superior General.

1914

July 28: Comenzó la Primera Guerra Mundial; terminó el 11 de noviembre de 1918.

Agosto: Una circular emitida por el Ministro del Interior suspende las medidas en contra de las congregaciones religiosas de Francia.

De Bélgica, Brazil, Canadá, Italia, Madagascar y los Estados Unidos, ochenta y ocho Hermanos de La Salette, Padres y Escolásticos, quienes habían mantenido su ciudadanía francesa, se enlistaron en el Ejército de Francia. Sesenta y tres de ellos sirvieron en unidades de combate. Muchos fueron heridos, y quince perdieron sus vidas en la Primera Guerra Mundial.

1921

Los Salettes estadounidense se unen a sus hermanos franceses en Madagascar (Antsirabe).

Mayo: La Santa Sede envía un nuncio apostólico a París; París envía un embajador al Vaticano.

1926

Aprobación final de las Constituciones por parte de Roma.

1927

Los Salettes estadounidense fundaron la misión de Morondava, Madagascar.

1934

La primera división del Instituto en Provincias: Francia (Nuestra Señora de la Salette), Polonia (Nuestra Señora, Reina de Polonia), Hartford, CT (Nuestra Señora de los Siete Dolores) y Brasil (Inmaculada Concepción de María).

1935

Los La Salettes de Polonia fundaron una misión en Argentina.

1937

Los La Salettes de la Provincia de Hartford fundaron una misión en Arakan, Burma.

1938

Los Salettes de Suiza y Liechtenstein se convierten en Provincia.

1939

La Segunda Guerra Mundial comienzó en 1939 y terminó en 1945.

1940

10 de julio: Caída de la Tercera República.

1941

31 de octubre: El Régime Vichy anuncia que todos los religiosos expulsados pueden regresar a sus patrias.

1942

9 de julio: Celebración del quincuagésimo aniversario de la llegada de los Misioneros de Nuestra Señora de La Salette en América.

En la presencia del Reverendísimo Maurice F. McAuliffe (1875-1944), obispo de Hartford, una Solemne Misa de Acción de Gracias fue celebrada en la capilla del Seminario por el Muy Reverendo Paul M. Regan (1897-1943), Superior de la Provincia de Nuestra Señora de los Siete Dolores.

1943

1 de enero: Los Misioneros de Nuestra Señora regresan a la Montaña Santa.

En una ceremonia a las 9:00 A. M. en la basílica, Etienne Cruveiller, Superior General, y Auguste Veillard (1895-1977), Provincial Superior de Francia, recibieron del delegado de Alexandre Caillot (1861-1957), Obispo de Grenoble, el documento oficial restaurando la custodia del Santuario y de la casa madre a la Congregación.

Hablando por muchos en esta emotiva ocasión, Louis Sorrel (1872-

1949), Asistente General, dijo: "Este jubiloso regreso a la cuna de su Instituto llama a los Misioneros de La Salette a ser, más que nunca, los activos y ardientes mensajeros de Nuestra Señora a su Pueblo, hombres llenos de ese espíritu de oración, penitencia y fervor que la Santa Aparición muy elocuentemente predica."

1945

La Provincia del Inmaculado Corazón de María se establece en Attleboro, MA.

1946

Los Salettes de Suiza fundaron una misión en Angola.

Celebración del centenario de la Aparición. Congreso Mariano celebrado en Grenoble y en La Salette.

1948

Los La Salettes de la Provincia del Inmaculado Corazón de María (Attleboro) fundaron una mission en Filipinas.

1961

La Provincia de María Reina es establecida en St. Louis, Missouri.

1962

11 de octubre: El Concilio Vaticano II fue convocado por el Papa Juan XXIII (1881-1963). Concluyó durante el papado del Papa Pablo VI el 8 de diciembre de 1965.

Varias fundaciones de La Salette en Italia forman una nueva Provincia: María Mediatrix.

1967

Una cuarta provincia de los Estados Unidos, María, Reina de la Paz, se estableció en Olivet, Illinois.

Los Salettes de Hartford van a Argentina.

1968

Se establecen dos nuevas Provincias: Nuestra Señora, Madre de la Esperanza, en Filipinas y María, Madre de la Iglesia, en Antsirabe, Madagascar.

1976

La misión en Birmania se cerró debido a la persecución y al impuesto legalmente obligatorio.

1985

6 de junio: Renovadas y actualizadas después del Concilio Vaticano II, las Constituciones son aprobadas por Roma.

1988

En Madagascar, la Provincia de Antsirabe y la Región de Morondava se fusionan para convertirse en una provincia.

Los La Salettes de India, educados en Filipina, abren una misión en su tierra natal (Kerala, India).

1990

Los La Salettes de Polonia comienzan nuevos trabajos en Alemania, Eslovaquia, Ucrania y Bielorrusia.

1991

Las Salettes de Brasil, Argentina y Bolivia abren un noviciado común en Cochabamba, Bolivia.

1995-1996

El 150 aniversario de la Aparición de Nuestra Señora en La Salette. Un año de celebración en todo el mundo.

2000

Las cuatro provincias de La Salette en América del Norte (Milwaukee, Hartford, Attleboro y St. Louis) se reestructuran en una nueva provincia: María, Madre de las Américas.

2001

India es establecida como una Región.

2002

El 150 aniversario de la carta pastoral del obispo Philibert de Bruillard de 1852 que condujo a la fundación de la Congregación de los Misioneros de Nuestra Señora de La Salette en su segunda Carta Pastoral, fechada el 1 de mayo de 1852.

2006

India se convierte en una Provincia.

2007

Angola funda una misión en Namibia.

2012

Angola se establece como una Provincia.

Unificación de las provincias suizas y polacas.

www.ingramcontent.com/pod-product-compliance
Lightning Source LLC
LaVergne TN
LVHW051834080426
835512LV00018B/2878